LE CAPITAL DE MARX
POUR DÉBUTANTS

Le Capital de Marx

POUR DÉBUTANTS

David Smith
& Phil Evans

Éditions La Découverte - 1, place Paul-Painlevé, 75005 Paris

Si vous désirez être tenu régulièrement au courant de nos parutions, il vous suffit d'envoyer vos nom et adresse aux Éditions La Découverte, 1, place Paul-Painlevé, 75005 Paris. Vous recevrez gratuitement notre bulletin trimestriel **A la Découverte.**

TITRE ORIGINAL : *Marx's Das Kapital for beginners.*

Traduit de l'anglais par Fanchita Gonzalez Batlle.
ISBN 2-7071-1294-1.

Karl Marx

1. LES MARCHANDISES P.33
Marx explique que la richesse de la société capitaliste n'est qu'une énorme accumulation de marchandises. Et que la marchandise mène une étrange "double vie".

2. LA PRODUCTION D'USAGE P.37
Avant l'avènement du capitalisme, on produisait pour l'usage, pas pour l'échange. Aristote l'explique.

3. L'ALIÉNATION DE LA VALEUR D'USAGE P.40
La recherche du profit et les besoins humains se heurtent. Mauvais usage des objets.

4. LA SURPRODUCTION P.44
Le marché capitaliste est "saturé". Le capitalisme détruit ses excédents. La sécurité du travail est subordonnée aux ventes.

5. LA VALEUR D'ÉCHANGE P.47
Aristote s'attaque au problème de l'échange. Marx montre que les prix sont fondés sur le travail humain.

6. LE TRAVAIL ABSTRAIT P.50
Le capitalisme introduit l'idée de "travail abstrait." Tout se mesure en "travail moyen".

7. L'ALIÉNATION DU TRAVAIL UTILE P.57
Le travail abstrait n'a pas de réalité matérielle. Tout comme pour un roi son pouvoir ne vient que du fait qu'il est socialement admis. Dans la nature, il n'y a pas de marchandises.

8. LE FÉTICHISME P.60
Le capitalisme prête aux marchandises des pouvoirs magiques. Mais les révolutionnaires contestent mysticisme et autoritarisme.

VOL.1
VOL.2

VOL.1
VOL.2

Karl Marx est né à Trèves, en Allemagne, près de la frontière française, en 1818. C'était juste après les guerres napoléoniennes, un an avant que **David Ricardo** publie son œuvre pionnière, *Principes de l'économie politique.*

La révolution industrielle était bien avancée (Watt avait inventé la machine à vapeur en 1769) et les fabriques envahissaient l'Europe.

Après son doctorat de philosophie à l'université d'Iéna, Marx s'intéressa bientôt à la politique révolutionnaire. Il arriva à la conclusion que le capitalisme opprime et exploite les travailleurs. Toute sa vie, il eut le souci d'analyser le *comment* et d'organiser les travailleurs pour qu'ils remplacent le capitalisme par le communisme.

Jusqu'à sa mort (1883), Marx resta un révolutionnaire ardent, convaincu que la classe ouvrière peut — et doit — abolir le profit et construire une société fondée sur le « travail librement associé » en vue d'une production d'usage.

Marx irritait de plus en plus les autorités prussiennes, qui décidèrent finalement de supprimer la *Gazette rhénane.* C'était un événement tellement grave aux yeux des contemporains allemands de Marx que celui-ci devint une sorte de célébrité : un dessin humoristique le représenta en **Prométhée** enchaîné, puni pour avoir volé le feu des dieux et vouloir le partager avec l'humanité souffrante.

Neue
Rheinische Zeitung
Organ der Demokratie.

№ 301. Köln, Samstag, den 19. Mai. 1849.

RECUL À GAUCHE

Bien que **Le Capital** soit l'œuvre de sa vie, ouvrage gigantesque entrepris vers le milieu des années 1840 et qu'il n'acheva pas complètement, Marx n'était pas un révolutionnaire de salon

Rédacteur en chef de la *Gazette rhénane* en 1842 dans la Prusse arriérée absolutiste, Marx, à 24 ans, se plongea dans la politique. Philosophe contestataire, commentateur critique de Hegel et de Feuerbach, Marx fut très impressionné par un soulèvement des tisserands de Silésie et par la misère et l'oppression des vignerons de Moselle.

TUERIE AU CLUB DISCO

Voyage de noces tragique

Le journaliste Marx prenait parti dans les luttes qu'il décrivait et défendit les tisserands de Silésie, exigeant le respect de leurs droits.

IL FIT CAMPAGNE POUR LE DROIT SÉCULAIRE DES PAYSANS À RAMASSER DU BOIS DANS LES FORÊTS, QU'UN NOUVEAU DÉCRET MENAÇAIT.

Marx devint une célébrité et un exilé. Les Prussiens le mirent dehors sans cérémonie.

Ainsi commence l'odyssée de Marx. Expulsé d'Allemagne, Marx alla en France... d'où il fut expulsé, pour aboutir des années plus tard en Angleterre.

En France, Marx se convertit au socialisme. Parmi les premiers fruits de ses incursions dans l'économie figure *La Sainte Famille,* publiée en collaboration avec Friedrich Engels en 1843.

En 1845, Marx signa un contrat pour « un livre d'économie ». Croyant le finir vite, Marx ne pensait pas que le projet le dépasserait bientôt. Il allait devenir de plus en plus gros...

Marx a souvent connu ce problème. En 1851, il disait à Engels :

En fait, il fallut *seize ans* avant même que le premier volume du **Capital** soit publié. Le reste ne le fut qu'après la mort de Marx, par les soins d'Engels.

Marx avait à peine commencé son travail intensif sur l'économie quand il fut expulsé de France avec Jenny... c'étaient des étrangers « politiquement indésirables ».

Arrivé à Bruxelles, Marx adhéra bientôt à la Ligue des Justes, organisation ouvrière clandestine qui s'appela ensuite la *Ligue communiste.* Engels y adhéra aussi. Ayant terminé un essai contre Proudhon, *Misère de la philosophie* (1847), son premier ouvrage publié sur l'économie capitaliste, Marx fut sollicité pour collaborer avec Engels au *Manifeste de la Ligue communiste,* plus connu sous le nom de *Manifeste communiste.* Ce pamphlet archi-célèbre, qui résume la théorie de Marx et Engels de la lutte des classes, parut en 1848, « l'année des révolutions ».

En 1848 des révolutions éclatèrent en France, en Allemagne, en Hongrie et ailleurs. C'étaient des révolutions de la classe capitaliste montante contre la réaction féodale, mêlées à des révoltes d'artisans et d'ouvriers. Marx et Engels rentrèrent vite en Allemagne pour publier la *Nouvelle Gazette rhénane.*

C'est dans les pages de ce journal démocrate révolutionnaire que Marx publia sa série de conférences de 1847, « Travail salarié et capital ».

Après la défaite de la révolution allemande, Marx fut jugé pour sédition. Il fut acquitté après un vibrant discours au jury.

Malgré cela, Karl et Jenny furent encore expulsés d'Allemagne. Cette fois, ils allèrent en Angleterre où Engels s'installa aussi. (Son père avait une fabrique à Manchester.)

Marx fut pendant douze ans correspondant étranger du *New York Herald Tribune* et de plusieurs autres journaux, dont la *Presse de Vienne.*

Marx et Engels essayèrent d'abord de faire tenir la Ligue communiste, mais ils jugèrent bientôt qu'elle ne servait plus. Faute du soutien d'un mouvement de masse, le groupe devenait une secte d'émigrés isolés levant de faux lièvres.

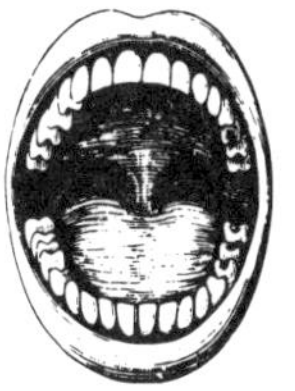

Marx se consacra au journalisme et à l'étude du capitalisme.

En 1858, les études de Marx avaient tellement avancé qu'il put rédiger un résumé de 1 400 pages de sa future *Critique de l'économie politique.* Ce résumé s'appelle les *Grundrisse* ; c'est à lui seul une œuvre majeure, annonçant la plupart des thèmes du **Capital.** Par l'envergure et la perspicacité, c'est un tour de force.

En 1859, Marx publie *Contribution à la critique de l'économie politique,* résumant certaines idées de base développées dans les *Grundrisse.* C'est une précieuse introduction au **Capital,** bien plus importante qu'on ne le pense souvent pour comprendre la « théorie de la valeur » de Marx. Sur la question de l'argent, c'est même plus fouillé que **Le Capital**...

En 1865, membre éminent du conseil général de l'*Association internationale des travailleurs* fondée l'année précédente, Marx répondit longuement à une attaque contre les grèves de la part de **John Weston,** un charpentier membre du conseil.

Cette réponse, publiée plus tard en brochure par sa fille Eleanor, exprime avec concision plusieurs idées fondamentales qui furent approuvées par l'A.I.T. (peut-être plus connue sous le nom de « Première Internationale »).

Enfin, en 1867, parut le premier volume de **Das Kapital.** Aussitôt, il fut accueilli chaleureusement par la presse ouvrière. La presse capitaliste l'ignora.

Marx jugea que la publication de **Das Kapital** était une étape importante ; il donnait une arme théorique nécessaire au mouvement ouvrier. Dans le premier volume, il démontre que le capitalisme est fondé sur *l'exploitation* des travailleurs, hommes, femmes et enfants. Toutes les données de la société moderne sont analysées, depuis les prix et les profits jusqu'aux salaires et à la journée de travail. Marx analyse soigneusement pourquoi les produits du travail sont des « marchandises », pourquoi l'argent est tout-puissant, d'où vient le capital et pourquoi il y a des crises économiques.

Comme d'autres de l'Internationale, Engels se remuait pour faire connaître **Le Capital.** Mais, au début, le livre ne se vendit pas vite. La mère de Karl, Henrietta, se plaignait :

(*C'EST CE QUE MARX A CONSEILLÉ À FRANZISKA KUGELMANN).

En 1871, il y eut la COMMUNE DE PARIS ! Un soulèvement spectaculaire des travailleurs et petits producteurs indépendants avait eu lieu pendant la guerre franco-prussienne de 1870. Amèrement déçus par le régime répressif de Napoléon III, neveu de Napoléon Ier, les travailleurs de Paris décidèrent de prendre leur destin en main.

En mars 1871, les travailleurs de Paris renversèrent le gouvernement et prirent le pouvoir. Par des mesures énergiques, décisives et résolument démocratiques, ces hommes et ces femmes firent de Paris une commune socialiste.

« ILS SONT MONTÉS À L'ASSAUT DU CIEL. QUELLE INITIATIVE, QUEL ÉLAN, QUEL HÉROÏSME CHEZ CES PARISIENS ! »

FRAGMENT INÉDIT D'UN JOURNAL PERDU DE MARX.

Réveillé ce matin à 11 heures par un coup de sonnette infernal. Peu après, Jenny m'annonçait, très énervée, un ultimatum du boucher. Rien n'est plus déplaisant à voir que la petite bourgoisie en pleine accumulation primitive…

Levé à midi. Mal de tête terrible, et Jenny très distante. Très mal assis à mon bureau à cause des furoncles. Quand je me suis plaint, Jenny a dit quelque chose de pas clair à propos de « sur mon dos toute la journée » et de « travail honnête ». Mes papiers en pagaille, je me demande bien pourquoi.

Au déjeuner — forcément végétarien à cause de l'affaire du boucher — tout est sorti. Quand Fred est rentré de la réunion avec moi hier soir, il a fait ce que Jenny appelle « un boucan du diable » ; moi, je n'ai rien remarqué : nous étions tous les deux très gais. Il a cassé les pincettes du salon en nous expliquant sa manœuvre d'artillerie pour défendre Paris contre les Prussiens. Il a pris le manuscrit du premier volume et l'a jeté en l'air en criant : « Assez de mots ! Pas de mots ! Il nous faut des fusils ! » (Ce qui explique le désordre.) Au moment où j'allais expliquer que Fred est un brave type qui comprend bien la dialectique, mais qui s'excite facilement, on a encore sonné. De derrière les rideaux (habitude forcée par les temps qui courent), j'ai vu avec horreur un policier à la porte ! Jenny est allée ouvrir et j'ai saisi des bribes de conversation. « C'est ici qu'habite un petit (!) monsieur étranger avec une grande barbe ? Il a un ami ? Quand rentrera-t-il ? » Ensuite, il a été question de « dégâts causés aux réverbères de Tottenam Court Road » et de « 45 shillings ». Enfin, il est parti. J'ai parlé du rôle de classe des fonctionnaires au service de l'appareil d'État, dans un silence glacial. Soudain, j'ai entendu crier dans l'entrée, et qui est apparu ? Fred, au pire moment, une bouteille de sherry dans chaque main ! Il les a posées bruyamment sur la table en demandant bien haut : « Que voulait ce gros lard de flic que j'ai vu dans la rue ? Jenny attaque les banques ? »

Je crains que Jenny n'ait fait une scène. Elle a crié : « Oui, un spectre hante l'Europe ! C'est vous deux ! » et elle a quitté la pièce en pleurant. Fred est resté un moment interloqué, puis il m'a tapé dans le dos en criant : « C'est ça, la Sainte Famille ! » et il a eu la gentillesse de me prêter 5 shillings avant de m'emmener retrouver les camarades à la taverne de l'Ange…

Au nom de l'Internationale, Marx déclara que la Commune de Paris était le premier exemple de « dictature du prolétariat », entendant par là que la classe ouvrière se gouvernait elle-même, tout en combattant les efforts contre-révolutionnaires de la classe capitaliste évincée.

Mais il se produisit une chose inhabituelle dans les annales militaires. Au bout de deux mois glorieux de Commune, les armées française et prussienne, qui s'étaient autrefois férocement opposées, s'unirent contre les travailleurs parisiens. L'effort militaire ne tarda pas à écraser la Commune. Il s'ensuivit une terreur blanche bien plus brutale que celle de la Révolution française en 1793. Plus de cent mille communards furent tués. Des milliers d'autres exilés.

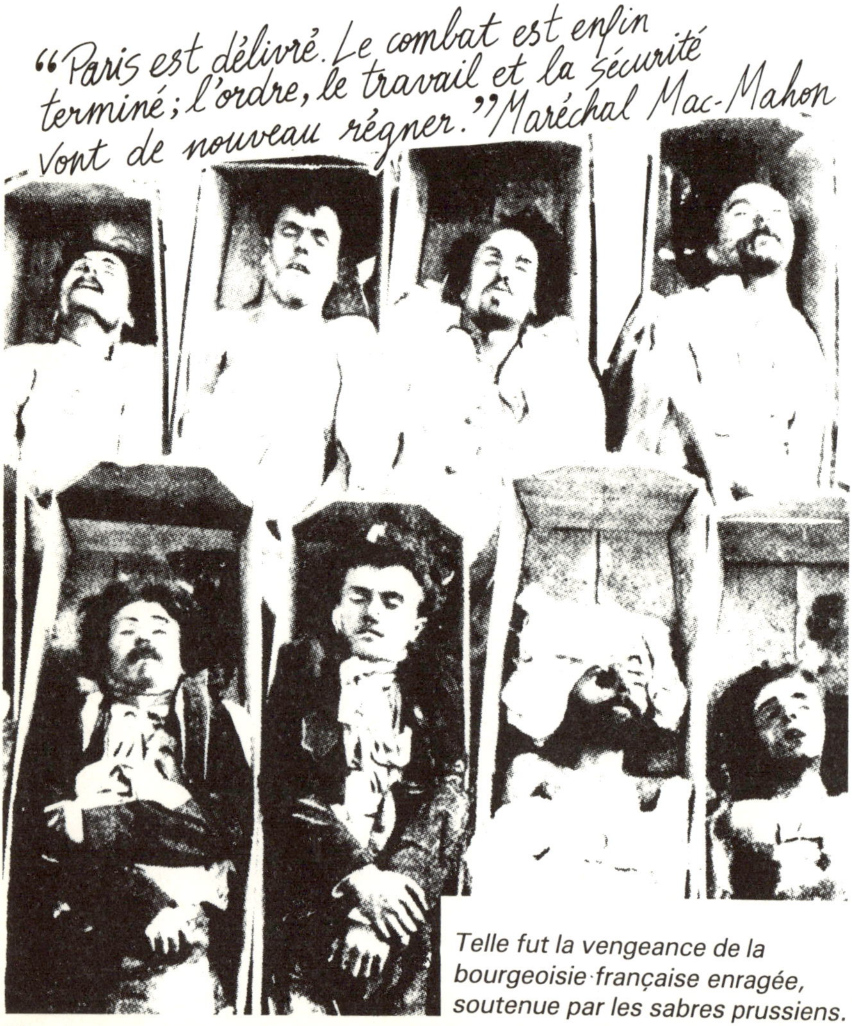

Telle fut la vengeance de la bourgeoisie française enragée, soutenue par les sabres prussiens.

C'est à ce moment critique que Marx se mit à réviser **Das Kapital** pour la traduction française, qui parut en fascicules à un sou à l'usage de la classe ouvrière parisienne entre 1872 et 1875.

L'éditeur français de Marx, Lachâtre, était un communard en exil. Marx voulait transmettre son analyse du capitalisme et de la lutte des classes aux survivants de la Commune. Il espérait les aider ainsi à se regrouper et à repenser leur stratégie.

Das Kapital, c'est un texte obscur ? ésotérique ? sans vie ?

Non.

Le Capital est pour tous ceux qui gagnent leur vie à l'ombre d'un patron. Il dit que le capitalisme est un système mondial fondé sur le travail salarié. *Le Capital* est de plus en plus à propos à mesure que le travail salarié s'étend dans tous les coins de la terre.

CAPITAL

1. LES MARCHANDISES

On *fabrique* des marchandises ; on *vend* des marchandises ; on *achète* des marchandises. Tout revient à ça.

Chaque jour, partout, nous rencontrons un énorme tas de marchandises. Tous ces produits prêts pour la vente qui attendent notre argent sont des « marchandises » portant d'odieuses étiquettes blanches aux signes familiers.

Les marchandises se montrent ainsi, marquées de prix, pour parler francs. Le prix indiqué est l'unique signe de la marchandise.

Cette accumulation de marchandises ; cette masse d'objets à prix marqué, on peut appeler ça LA RICHESSE DE LA SOCIÉTÉ CAPITALISTE.

LA MARCHANDISE,
UNE BIZARRERIE

La marchandise est une bizarrerie, parce qu'elle mène une *double vie.* Elle est produite par le travail pour l'**usage,** mais aussi pour l'**échange**. Le produit « à vendre » acquiert une qualité qui n'est pas dans sa nature : l'*échangeabilité.* Une marchandise n'est pas seulement *utile* ; on peut l'*échanger.*

La fourrure, par exemple, peut servir à nous protéger du froid — ou à rapporter de l'argent. Les épices peuvent relever nos plats — ou se vendre. Tel est le caractère particulier du produit en tant que marchandise. Il a deux dimensions : *ce qu'il est* et *ce qu'il vaut.* La marchandise est un objet, mais un objet avec un *prix.*

Dans le langage des premiers économistes, nous pouvons dire comme Adam Smith :

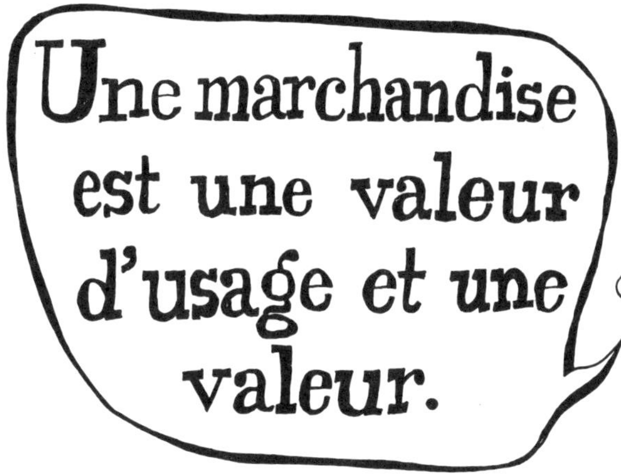

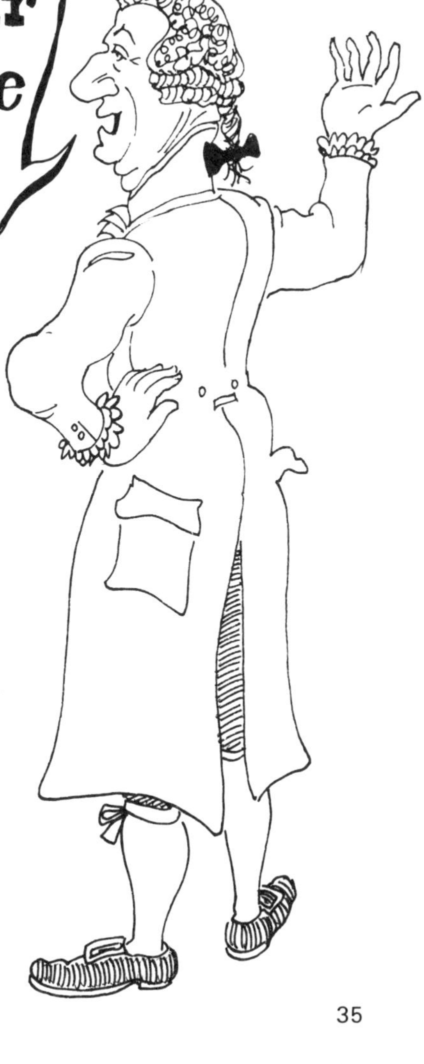

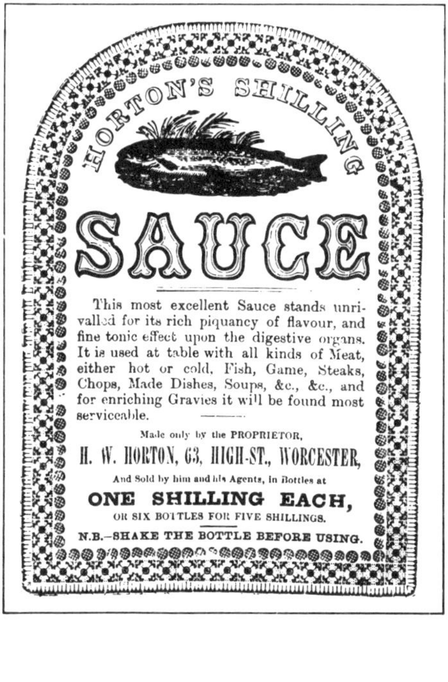

Pour saisir ce qu'est la valeur, nous devons comprendre le rapport entre valeur d'usage et valeur.
Valeur d'usage et valeur sont les deux faces de la marchandise... les pôles opposés de sa double vie.

« Une valeur d'usage, c'est une chose quelconque, nécessaire, utile ou agréable à la vie ; un objet de besoins humains, un moyen d'existence. »

Il n'y a là aucun mystère ! En tant que produit utile, la marchandise n'est pas une bizarrerie. Mais la marchandise est beaucoup plus qu'une simple valeur d'usage.

Matériellement utile comme valeur d'usage, la rose est *socialement* utile (échangeable) comme marchandise. Une belle rose parfumée se vend aussi 5 francs et vaut une plaque de chocolat.

En bref, la marchandise a une valeur d'*usage* et d'*échange.*

2. LA PRODUCTION D'USAGE

Avant les débuts du capitalisme (en Europe au XVe siècle) et même après (en fait, jusqu'à très récemment), la production de la plupart des pays du monde était destinée à l'*usage*. Les robes étaient faites pour être *portées* et non *vendues*. Les chocolats étaient faits pour être *mangés*, pas *échangés*. Ce n'est qu'avec l'essor du capitalisme que la production d'échange est devenue prédominante.

Au temps d'Aristote — vers 220 avant J.-C. —, le commerce était une part active, mais mineure, de la vie économique. En fait, l'« économique » est le nom qu'Aristote a donné à la production d'usage. Il appelait la production d'*échange* la « chrématistique ».

L'USAGE DE CHAQUE CHOSE EST DE DEUX SORTES : L'UNE EST PROPRE À LA CHOSE, L'AUTRE NON ; UNE SANDALE, PAR EXEMPLE, SERT DE CHAUSSURE,
MAIS PEUT AUSSI ÊTRE ÉCHANGÉE CONTRE DE LA NOURRITURE OU DE L'ARGENT. CERTES, L'ÉCHANGE EST AUSSI USAGE, MAIS CE N'EST PAS L'USAGE NATUREL D'UNE SANDALE.
ARISTOTE.
JE TE RATERAI PAS !

Il en était de même dans l'Antiquité esclavagiste — en Égypte, en Grèce, à Carthage, à Rome et ailleurs. Les esclaves produisaient pour l'usage des *autres* — leurs maîtres —, mais rarement pour l'échange. Les serfs d'Europe, les paysans chinois, les familles patriarcales indiennes et les travailleurs des autres sociétés précapitalistes ne produisaient pas non plus de marchandises.

Le but et le résultat de la production précapitaliste étaient la *valeur d'usage,* non la valeur d'échange. De fait, produire pour la *vente* et le *profit* était considéré comme *immoral,* comme un mode de vie pervers inspiré par la cupidité, l'orgueil, l'avidité, la vanité.

L'échangeabilité n'est devenue un trait du produit du travail que dans la société capitaliste. *Le produit ne vit une double vie* — valeur *et* valeur d'usage — *que dans une société capitaliste.*

3. L'ALIÉNATION DE LA VALEUR D'USAGE

Pour bien comprendre la production capitaliste, nous devons d'abord admettre que la double vie de la marchandise n'est ni paisible ni harmonieuse. Au contraire, valeur et valeur d'usage se heurtent. La recherche capitaliste du profit — de valeurs de plus en plus grandes — s'oppose radicalement aux désirs humains de nourriture, d'abri et autres valeurs d'usage.

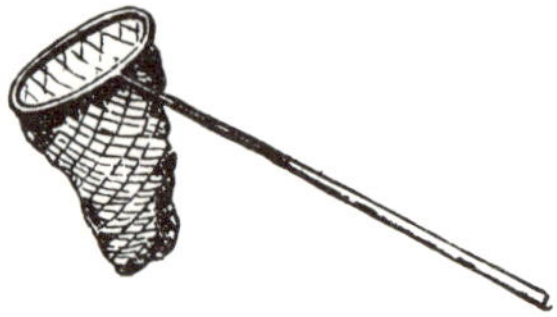

Nous voulons parler de la distorsion, de la répression et de l'abus du produit en tant qu'objet utile ; du mauvais usage de sa *valeur d'usage.* Au point que le produit est traité comme une valeur : il est *aliéné.*

Une marchandise doit être utile ou paraître utile pour être achetée. Mais l'utilité n'est pas l'essentiel. Le produit (la *marchandise*) doit être *vendu* pour être utilisé. La vente est le préalable nécessaire et indispensable à l'usage. Sans échange, il ne peut y avoir d'usage. Si une marchandise ne peut pas trouver son échangeabilité, son utilité aussi est annulée.

Ainsi l'échange « étranger » domine l'usage « naturel ».

Prenez un pain, par exemple. Placé dans un supermarché, il n'a qu'une utilité en sommeil. Bien que parfaitement mangeable, il doit prouver sa *valeur d'échange* avant de pouvoir être mangé. Si personne ne l'achète, le pain pourrira sur place... même si des gens crèvent de faim.

Il en va de même pour toute marchandise : PAS DE VENTE, PAS D'USAGE. Tel est le principe de la propriété privée. Les marchandises ne sont pas là pour être données. Les capitalistes ne partagent pas avec les travailleurs.

Un autre exemple de la distorsion de la valeur d'usage due à la production pour l'échange est le sabotage du produit. La qualité du produit ne compte que par rapport aux ventes. Si les ventes se maintiennent, le bizeness réduira gaiement les coûts en lésinant sur la main-d'œuvre, la sécurité, les matières premières. Résultat : des produits inutiles, dangereux, mortels parfois. Ces horreurs vous sont-elles inconnues ?

- Voitures peu sûres
- Produits toxiques pour bébés
- Nourriture bourrée de cancérigènes
- Centrales nucléaires insuffisamment isolées
- Médecine qui tue

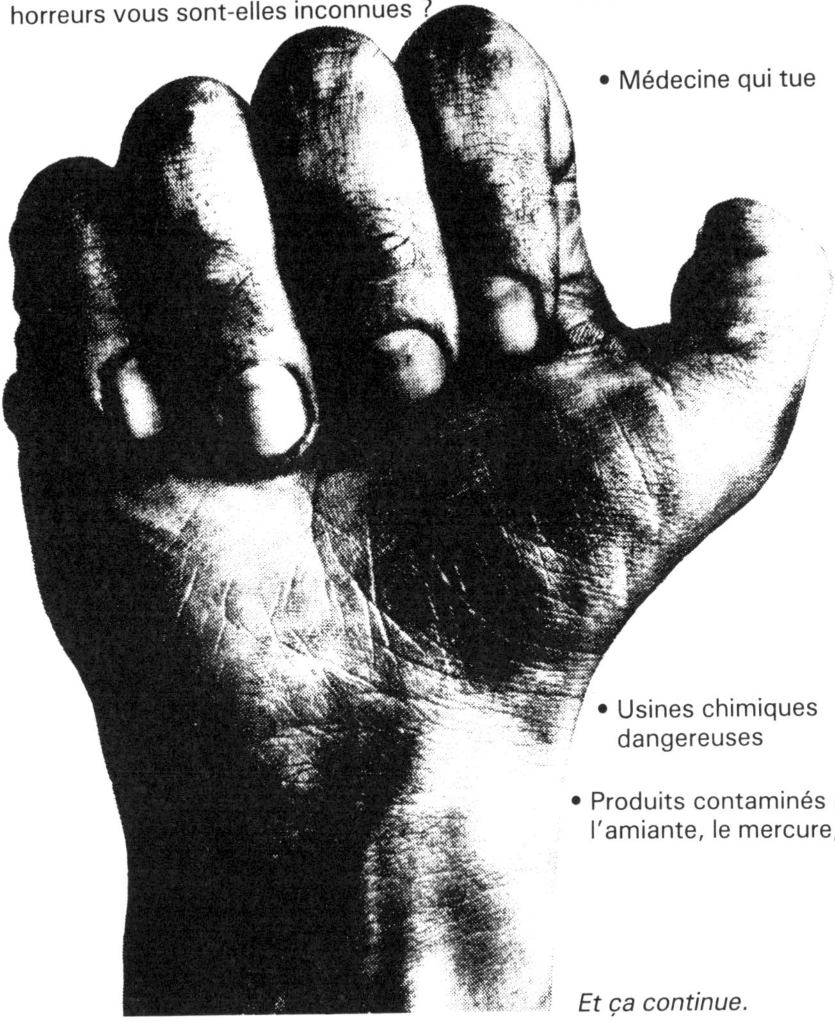

- Usines chimiques dangereuses
- Produits contaminés par l'amiante, le mercure, etc.

Et ça continue.

4. LA SURPRODUCTION

Un autre exemple évident de la façon dont la valeur d'échange éclipse la valeur d'usage, c'est la « surproduction ». Périodiquement, la production aboutit à ce que le système considère comme un « excédent » de marchandises. Le résultat, c'est que les prix et les profits s'effondrent, au désespoir et à la fureur des capitalistes. Le marché, disent-ils, est « inondé ». Pour renverser la vapeur, les capitalistes détruisent volontairement et joyeusement une partie de leurs produits. Pourquoi ? Eh bien, pour faire remonter les prix et les profits. Peu importe que des gens soient mal logés, mal soignés, mal nourris.

Du point de vue du profit, un marché saturé est une catastrophe. Il faut arranger ça. Pas en fournissant gratuitement le *surplus* aux gens, surtout pas ! Mais en le *détruisant.*

C'est ce qui est arrivé, par exemple, pendant la Grande Dépression des années trente. L'industrie agro-alimentaire a eu un « excédent » de porcs et de lait, les prix ont chuté. Alors on a tué les porcs et jeté le lait pour sauvegarder les profits, bien que beaucoup de gens soient affamés. Pour maintenir les profits, on réduit les fournitures. La production est ralentie, naturellement.

Aux USA, par exemple, 70 % à peine de la capacité productive totale est utilisée. Une grande partie de l'appareil de production est inactif — sans parler des millions de chômeurs.

Il est clair qu'il faut au capitalisme des produits universellement échangeables. En affaires, l'important n'est pas ce qu'*est* l'objet, mais ce qu'il *vaut*.

5. Si la valeur existe et n'apparaît que dans l'échange, il faut comprendre ce qu'est l'échange. Là encore, Aristote nous éclaire.

En tout cas, Aristote arriva finalement à la conclusion que l'égalité réelle entre les marchandises est impossible. Après tout, dit Aristote, deux objets ne sont jamais vraiment pareils. Erreur de conclusion, mais au moins Aristote a compris l'importance de l'« égalité » dans l'échange. Ce qui le met bien au-dessus de la plupart des économistes actuels, qui n'admettent même pas que l'échange incarne un principe inhérent d'égalité. Ce *je ne sais quoi* (pas plus, pas moins), c'est le prix d'une marchandise quand l'équilibre de l'offre et de la demande indique que quelque chose d'autre est à la base du prix.

Si nous pensons comme Aristote que deux objets ne sont jamais vraiment pareils — et s'ils l'étaient, pourquoi les échanger ? — nous nous heurtons à la question : comment des objets matériellement différents, aux propriétés différentes, s'échangent-ils systématiquement dans des proportions fixées ?

Imaginons un instant que deux objets seulement sont en cause, disons un cerf et un castor, et deux propriétaires (tous deux chasseurs). Supposons qu'il faille une journée de chasse pour prendre un cerf, mais sept jours pour prendre un castor. Si les deux chasseurs sont également habiles, lâcher un castor pour un cerf paraît déraisonnable. Pourquoi échanger le produit de sept jours de travail contre le produit d'un jour de travail ? Pourquoi chasser sept jours pour se retrouver avec un cerf qui ne demande qu'un jour de chasse ?
L'échange est possible — qu'est-ce qui l'empêcherait ? Tout producteur peut faire un échange inégal, consciemment ou inconsciemment. Mais tout change si nous parlons d'échange *systématique* de marchandises, c'est-à-dire du capitalisme. Là, le principe qui réglemente l'échange, c'est le temps de travail. Des marchandises peuvent être totalement dissemblables matériellement, mais elles ont une chose en commun : toutes demandent l'effort humain pour leur production ou leur appropriation. C'est ce qui donne la base de l'échange. Partant de là, sept cerfs égalent un castor. Chaque terme matérialise une quantité égale de travail.

Un problème se pose : que signifie, pour un produit, « matérialiser » du travail ?

Simplement : tant de travail « entre dans » le produit. L'objet existant avant la production change au cours de la production. Le corps de l'objet est modifié par le travail exercé sur lui. Le travail a donc un résultat « matériel » ; il est « matérialisé » dans quelque chose.
Avant que le travail commence, l'objet a déjà une forme particulière dérivée de la nature. Le travail lui *ajoute* quelque chose en changeant sa forme. Ainsi le but du travail est « objectivé » : il entre *dans* l'objet, en le changeant.

6. LE TRAVAIL ABSTRAIT

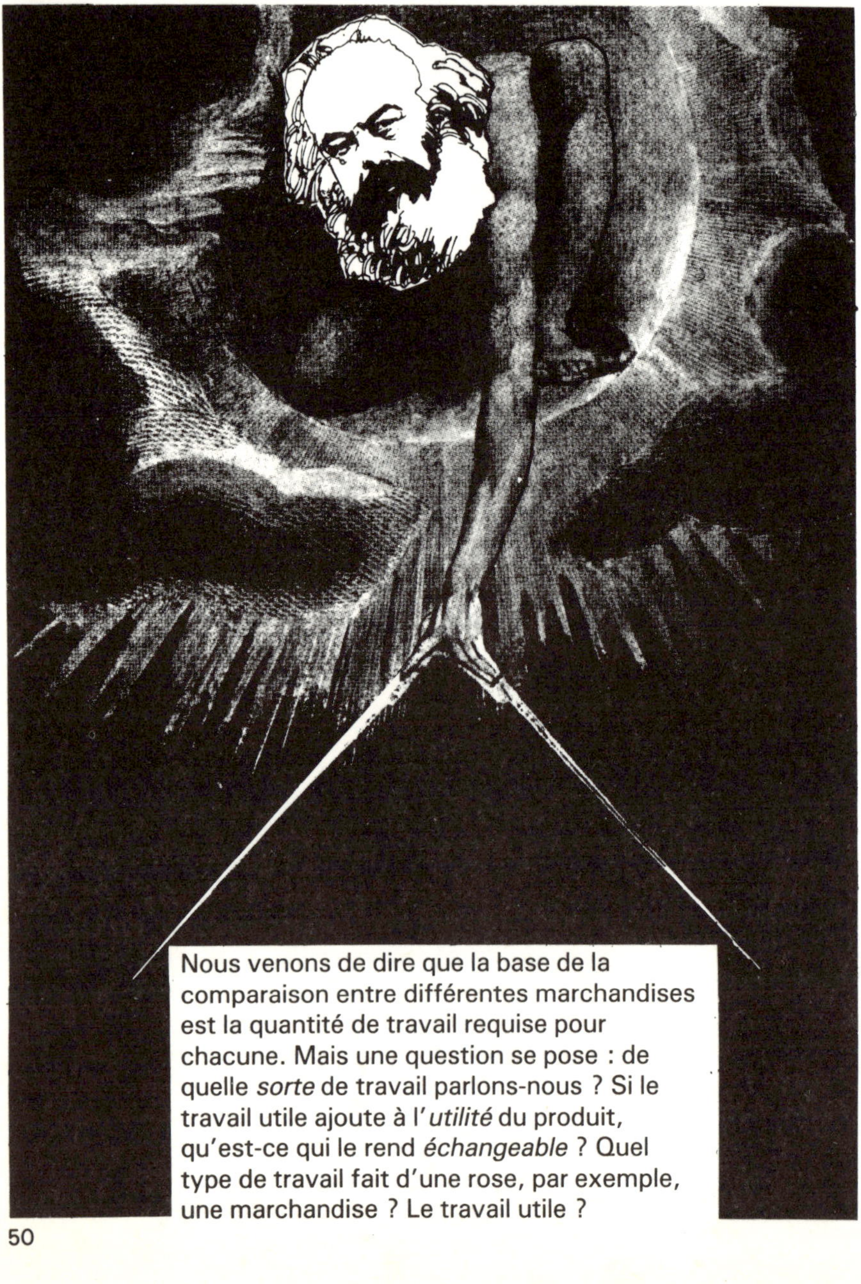

Nous venons de dire que la base de la comparaison entre différentes marchandises est la quantité de travail requise pour chacune. Mais une question se pose : de quelle *sorte* de travail parlons-nous ? Si le travail utile ajoute à l'*utilité* du produit, qu'est-ce qui le rend *échangeable* ? Quel type de travail fait d'une rose, par exemple, une marchandise ? Le travail utile ?

Non. Ça, c'est l'erreur de *David Ricardo.* Il avait pigé que la valeur, c'est du *travail matérialisé,* mais il n'a pas su l'analyser. Surtout, Ricardo est passé à côté du concept de travail *abstrait...*

Bien que les différentes sortes de travail ne soient pas matériellement égales, elles peuvent être *traitées comme si elles l'étaient.* C'est essentiel ! C'est la réponse que nous cherchions.

UN RICARDO UTILE

Différentes formes matériellement inégales de travail utile — faire une montre et faire un lit — peuvent être *traitées comme si elles étaient égales,* pour faciliter l'échange. Des activités impliquant des techniques, des opérations et des outils différents peuvent être traitées commes semblables — de sorte que les produits d'activités différentes peuvent être considérés comme égaux.

Autrement dit : le TRAVAIL UTILE peut être traité comme le TRAVAIL ABSTRAIT.

UN RICARDO ABSTRAIT

Avant d'examiner en détail le travail abstrait, faisons une distinction utile :

TRAVAIL UTILE	TRAVAIL ABSTRAIT
Activités de travail réelles, avec leurs caractéristiques uniques Matérialisées par la valeur d'usage	Activités de travail *traitées* comme si elles n'avaient *pas* de signes distinctifs Matérialisées dans la valeur

Quand tailleurs et tisserands échangent leurs produits, par exemple, ils voient leur travail non tel qu'il est réellement, mais comme du travail pur et simple, du travail *en soi.* Dire qu'un habit égale 20 mètres de toile, c'est dire que la *façon* (le travail du tailleur) égale *le tissage* (le travail du tisserand). Les *produits* sont mis en équation, et aussi le travail qui y *entre.* *Échanger* des produits signifie les traiter en équivalents.

Le travail *indifférencié* est toujours *pareil.* X heures d'un travail indifférencié = X heures d'un autre type de travail indifférencié. Ainsi, l'abstraction permet l'échange. Des quantités égales de travail abstrait peuvent s'échanger entre elles. Le fait même de l'échange donne au travail abstrait sa réalité. Le produit devient marchandise, matérialisation de valeur.

Les producteurs ne se disent pas toujours : « Ah ! Ah ! En échangeant ma montre contre un lit, je ne tiens pas compte des particularités des deux produits, je les vois comme qualitativement équivalents et ils deviennent ainsi le résultat de travail abstrait et non de travail utile. »

Mais c'est ce que les gens font... qu'ils y pensent ou non.

Quand on échange un palais contre X boîtes de cirage, le travail matérialisé dans l'un et les autres est traité, *de facto,* comme s'il était équivalent. De même quand on échange un volume de Shakespeare contre du tabac à priser. Évidemment, la valeur d'usage est différente, et le travail utile correspondant à cette valeur d'usage est différent. *Ce sont des valeurs.*

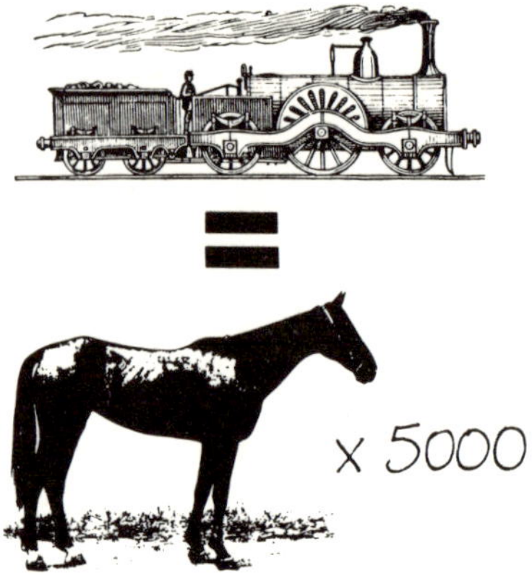

Cela signifie que le travail utile qualitativement *inégal* matérialisé en elles est traité comme qualitativement égal. Quand nous échangeons des montres, des robes, des lits ou des maisons, nous ne tenons pas compte de leurs propriétés matérielles. Cela parce que nous ne faisons pas de différence matérielle entre l'*horlogerie*, la *confection,* la *menuiserie* et la *construction.* Un certain nombre de montres — faites de métal, de rubis et de verre — peuvent s'échanger contre un certain nombre de lits — faits de plumes, de bois, de mousse et de tissu — parce que les *différentes sortes de travail* requis pour les fabriquer *sont traitées comme équivalentes.* Dans la marchandise, *il n'y a pas deux sortes* de travail cachées. Mais le travail *utile* propre au produit en tant que valeur d'usage peut être traité comme qualitativement abstrait pour faciliter l'échange.

Même si tu travailles très lentement, la marchandise que tu produis ne contient que le temps de travail « égal » que mettrait le producteur *moyen*. Si tu essaies de vendre ton produit sur la base du temps exact et réel que tu mets, tu verras vite que le temps réel passé ne compte pas. Seul compte le temps de travail *général* social, le travail *abstrait* — que prend normalement le produit.

Les gens voient le travail *égal, moyen,* qui peut changer soudain pour des raisons indépendantes de la nature du travail utile concret.

Quand le métier mécanique apparut en Angleterre, par exemple, il réduisit de moitié le temps de tissage. Ceux qui tissaient à la main, incapables d'acheter des métiers mécaniques, virent que la valeur de leur produit diminuait de moitié ; pas parce que leur propre travail réel avait changé, mais parce que le niveau de travail général social avait changé.

AVANT LES MÉTIERS MÉCANIQUES, LES TISSERANDS METTAIENT DES BILLETS DE 5 LIVRES À LEUR CHAPEAU.

APRÈS, ILS TENDAIENT LEUR CHAPEAU ...

Il doit être bien clair que le travail « égal » n'est pas du travail *matériel réel,* mais du travail réel considéré comme travail *social abstrait.*

7. L'ALIÉNATION DU TRAVAIL UTILE

Si, comme nous l'avons dit, toute marchandise « contient » ou « matérialise » du TRAVAIL abstrait, où se trouve-t-il ? Prenons l'exemple d'un manteau. Le TRAVAIL abstrait est-il dans la doublure, les manches, le col ? Non. Même si le manteau est usé jusqu'à la corde, le TRAVAIL abstrait qu'il contient ne sera jamais visible.

Les sens ne peuvent discerner que les choses utiles et le TRAVAIL utile. *Comme la valeur n'est pas matérielle elle ne peut pas être matériellement perçue.* Elle est sociale, une réalité sociale fantôme. La valeur des marchandises est l'extrême opposé de leur aspect matériel ; il n'y entre pas un atome de matière.

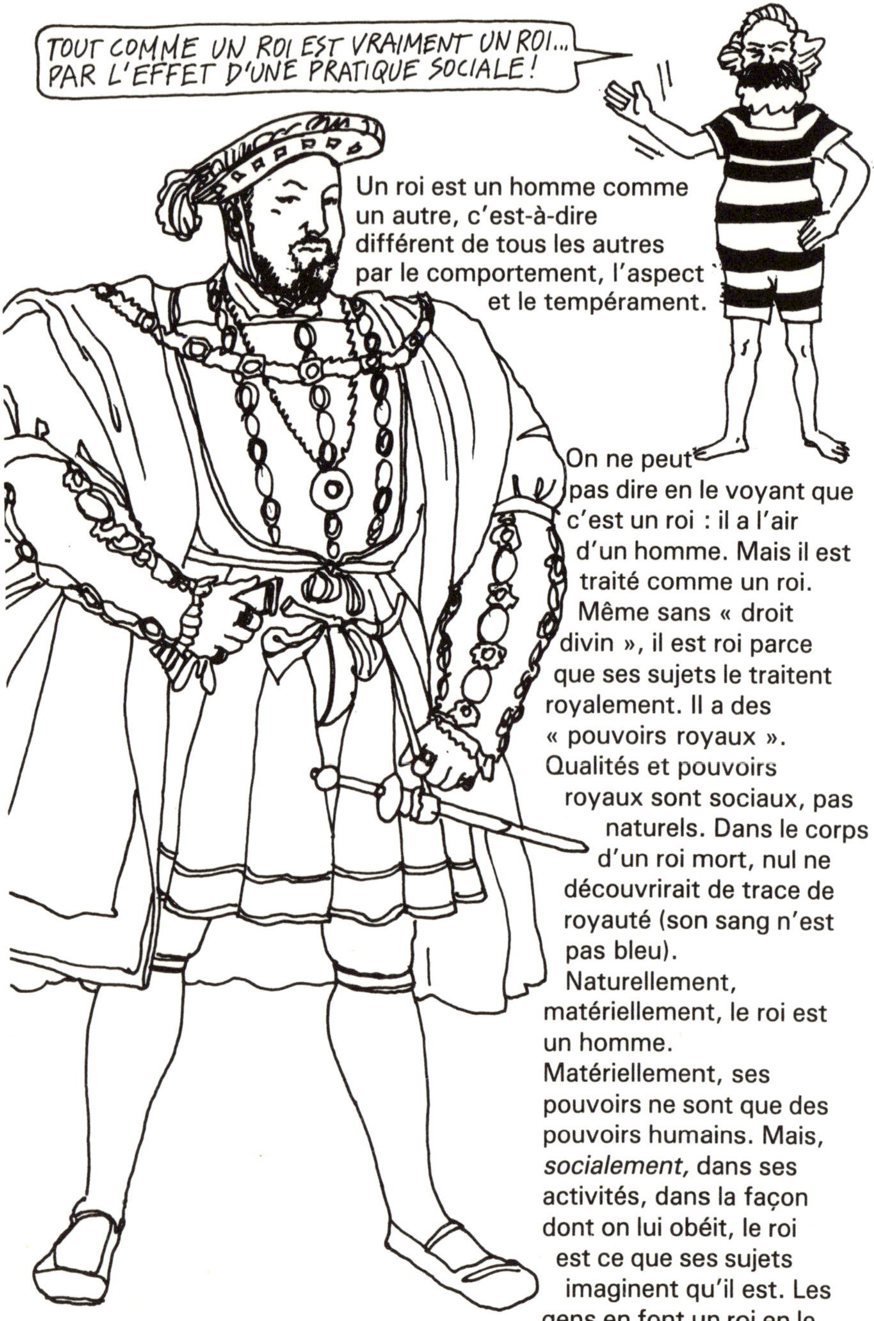

Un roi est un homme comme un autre, c'est-à-dire différent de tous les autres par le comportement, l'aspect et le tempérament.

On ne peut pas dire en le voyant que c'est un roi : il a l'air d'un homme. Mais il est traité comme un roi. Même sans « droit divin », il est roi parce que ses sujets le traitent royalement. Il a des « pouvoirs royaux ». Qualités et pouvoirs royaux sont sociaux, pas naturels. Dans le corps d'un roi mort, nul ne découvrirait de trace de royauté (son sang n'est pas bleu).

Naturellement, matériellement, le roi est un homme.

Matériellement, ses pouvoirs ne sont que des pouvoirs humains. Mais, *socialement,* dans ses activités, dans la façon dont on lui obéit, le roi est ce que ses sujets imaginent qu'il est. Les gens en font un roi en le *traitant* comme un roi.

Pareil pour la valeur. Aucun objet utile n'incarne matériellement de TRAVAIL abstrait. Un objet utile ne peut être marchandise — matérialisation de valeur — qu'en étant *traité* comme marchandise. Mais s'il est traité comme une marchandise, alors il *devient* marchandise — *socialement*.

Dans la nature, il n'y a pas de marchandises. Enfermé dans votre placard, au centre de la terre ou dans l'espace, vous ne trouverez pas de valeur. Rien n'est « échangeable » là où il n'y a personne. L'échange fait partie des rapports humains. L'échangeabilité n'est possible que dans le contexte des rapports sociaux humains. Elle est possible, bien que non naturelle. Des *gens* peuvent rendre des choses utiles échangeables en produisant pour l'échange.
Quand l'échange devient le principe universel et systématique de production, comme dans la société capitaliste, alors l'échangeabilité devient un attribut social réel des produits en général. La valeur « fantôme » devient très, très réelle. Essayez donc de survivre dans la société capitaliste sans rien acheter ni vendre !
Sauf rares exceptions, *chacun* dans la société capitaliste achète et vend des marchandises.

8. LE FÉTICHISME

Le mot **fétichisme** désigne la croyance que certains objets — idoles ou lingots d'or — ont des pouvoirs magiques. Un *fétiche* est précisément ce genre d'objet.

Les religions dites primitives — et d'autres, plus avancées — imaginent que certains objets ont des pouvoirs surnaturels. C'est le cas du fétichisme inhérent au monde des marchandises.

On dirait que les marchandises ont des rapports naturels et spontanés entre elles…

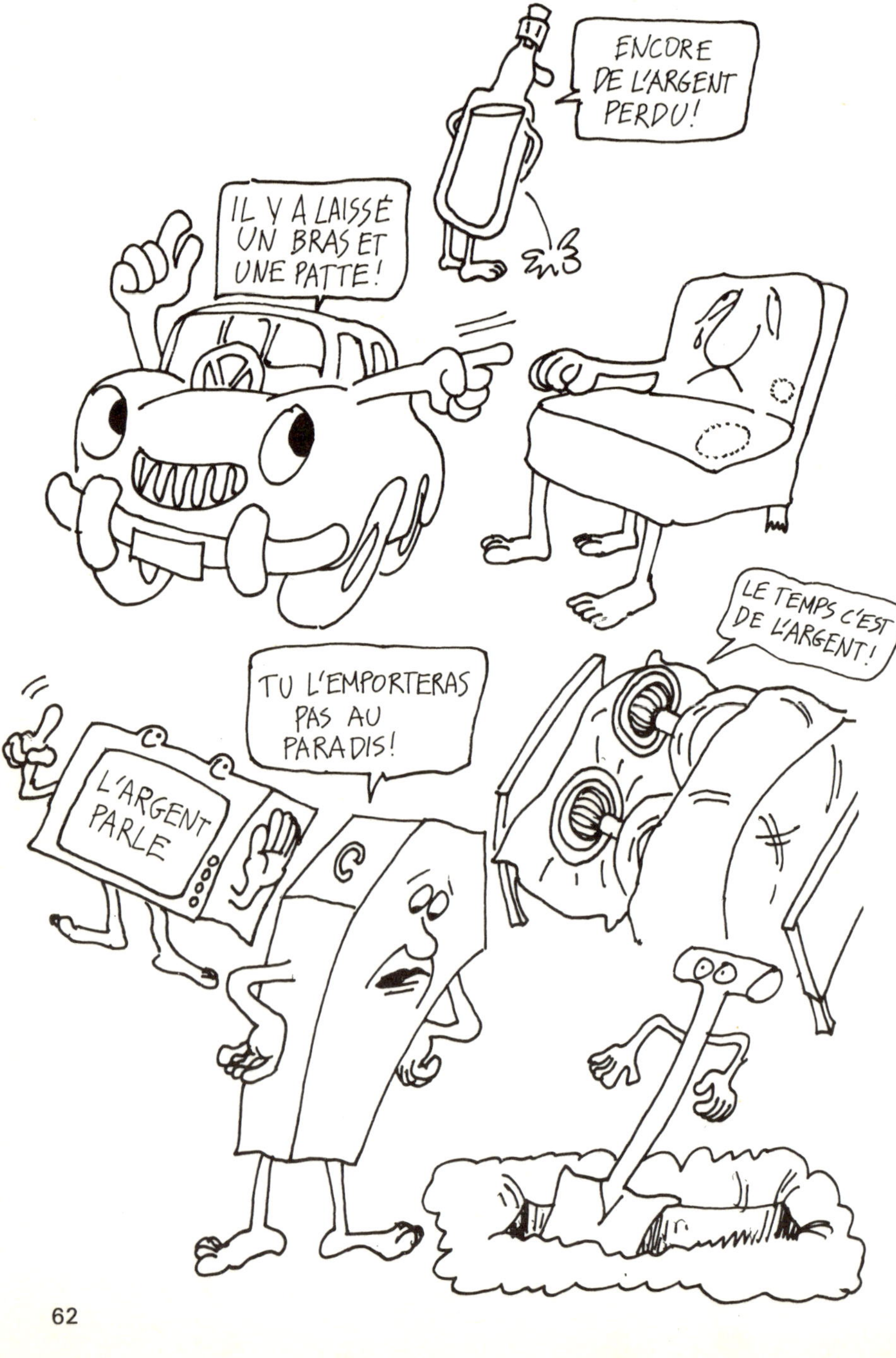
ENCORE DE L'ARGENT PERDU!
IL Y A LAISSÉ UN BRAS ET UNE PATTE!
LE TEMPS C'EST DE L'ARGENT!
TU L'EMPORTERAS PAS AU PARADIS!
L'ARGENT PARLE

La réalité, c'est que la société divise son travail entre une foule de « producteurs privés » qui sont liés par l'échange de leurs produits. C'est ça qui transforme de simples valeurs d'usage en valeurs magiques.
Les marchandises et l'argent ont des pouvoirs spéciaux qui ne sont pas naturels. Pourtant les gens y croient. On réalise rarement que l'argent et les marchandises n'ont un pouvoir d'échangeabilité que parce que les gens ont des rapports de producteurs privés. Produisant isolés des autres travailleurs « privés », les producteurs doivent produire pour l'échange.

Les produits ne peuvent changer de mains que par l'échange. Sans l'échange, un producteur de pommes privé n'aurait... que des pommes ! Pour avoir du vin, des livres, des chaussures, etc., les producteurs doivent sortir de leur coquille au moins le temps que l'échange se fasse.

Aucun producteur ne peut utiliser des quantités indéfinies d'une valeur d'usage. Au-delà d'un certain point, le produit devient pour son producteur une *non-valeur d'usage,* quelque chose qui ne reprend de valeur que dans l'échange, en représentant une valeur d'usage pour un autre producteur.
Il apparaît que les pommes s'échangent pour de l'argent (et ainsi, indirectement, pour du vin, des livres, etc.) *naturellement,* comme l'expression de leur échangeabilité innée. Les marchandises semblent attirer l'argent comme un aimant attire le fer. Il paraît naturel que les marchandises aient des prix particuliers ; qu'elles « valent » tant, pas plus, pas moins. C'est ça, le fétichisme.

CHARLES, Y A-T-IL UNE LOI DE NATURE IMPOSANT LA PRODUCTION PRIVÉE POUR L'ÉCHANGE...
...ET UN PRINCIPE SURNATUREL RENDANT...
...IMPOSSIBLE LA PRODUCTION COOPÉRATIVE VISANT LE PARTAGE DE L'USAGE PLUTÔT QUE LE PROFIT?

NON! LES OBSTACLES ESSENTIELS À LA COOPÉRATION SONT POLITIQUES: LA SOCIÉTÉ EST CONTRÔLÉE PAR DES CAPITALISTES ET DES BUREAUCRATES, ET LES TRAVAILLEURS ORDINAIRES SONT TROP PEU ORGANISÉS ET CONFIANTS POUR CROIRE DAVANTAGE EN LEUR FORCE CRÉATRICE QU'AU POUVOIR DE L'ARGENT ET DE L'ÉCONOMIE. IL Y A AUSSI...

... DES BARRIÈRES PSYCHOLOGIQUES. LES GENS ÉLEVÉS DANS LE CAPITALISME ACQUIÈRENT UNE DISPONIBILITÉ POUR RECEVOIR DES ORDRES, S'INCLINER DEVANT L'AUTORITÉ! BEAUCOUP ACQUIÈRENT UN INTÉRÊT AFFECTIF POUR TOUS LES TYPES DE RAPPORTS AUTORITAIRES: DOMINATION DES HOMMES SUR LES FEMMES, D'UNE NATION SUR L'AUTRE, D'UNE RACE SUR L'AUTRE, D'UNE FORCE DE TRAVAIL D'UN NIVEAU ÉLEVÉ SUR UNE AUTRE D'UN NIVEAU PLUS BAS... ET LA QUESTION LA PLUS GRAVE DE LA POLITIQUE RÉVOLUTIONNAIRE DE LA CLASSE OUVRIÈRE EST DE SAVOIR SI CES BARRIÈRES POURRONT ÊTRE ABOLIES...

C'EST CLAIR?

9. L'ARGENT

La valeur existe sous trois formes : les *marchandises*, l'*argent*, le *capital.*

Les MARCHANDISES sont des valeurs d'usage produites pour l'échange

L'ARGENT est la marchandise universelle, équivalente à toutes les autres

Le CAPITAL, c'est l'argent investi pour produire plus d'argent

Pour discuter du *capital,* forme suprême de la valeur, nous devons mieux comprendre l'argent. Comment l'argent apparaît-il dans l'échange de marchandises ? Comment, en tant que capital, arrive-t-il à dominer l'échange de marchandises ?

Dans le cas le plus simple où une seule marchandise est échangée contre une marchandise équivalente, le rapport de valeur n'est pas très fixé. Décider combien il faut de travail « social général » pour produire ceci ou cela, c'est très approximatif. Mais quand les produits sont généralement produits *pour* l'échange, les rapports de valeur se précisent. Quand un habit = 20 mètres de toile = 10 kilos de thé = 40 kilos de café = 20 grammes d'or, les taux d'échange deviennent moins hasardeux. De plus en plus de produits sont traités comme des unités de travail abstrait. Finalement apparaît un système de production de marchandises où les quantités de valeur relatives des différentes marchandises sont systématiquement fixées.

Quand une marchandise relative rencontre non pas une mais plusieurs marchandises équivalentes, sa valeur s'exprime indépendamment par une foule d'équivalents. Mais retournons la situation. Nous pouvons dire aussi que chaque marchandise de cette foule d'équivalents considère la marchandise relative *elle-même* comme un équivalent. Si cette marchandise sert à exprimer la valeur de plusieurs, elle devient *l'argent.* C'est quand elle est reconnue universellement comme la marchandise équivalente, exprimant — et mesurant — la valeur de toutes les autres, qu'elle joue le mieux le rôle d'argent.

L'OR

Historiquement, l'or est la marchandise universellement utilisée comme monnaie. Avec l'établissement de l'« étalon-or », il est devenu convenable de dire non pas 1 habit = 20 mètres de toile, mais 1 habit = 90 F et 20 mètres de toile = 90 F. Habit et toile peuvent encore être échangés, mais il est désormais courant d'utiliser la monnaie pour effectuer l'échange. L'équivalence de l'habit et de la toile est exprimée non pas directement, mais par leur rapport commun à l'or (sous l'un de ses noms : franc, dollar, etc.). L'or devient l'unique marchandise échangeable contre toutes les autres et apparaît donc comme le pouvoir suprême. Habits et toile ne peuvent plus acheter *que* de l'argent. De même pour toutes les marchandises ordinaires (sauf exceptions mineures).

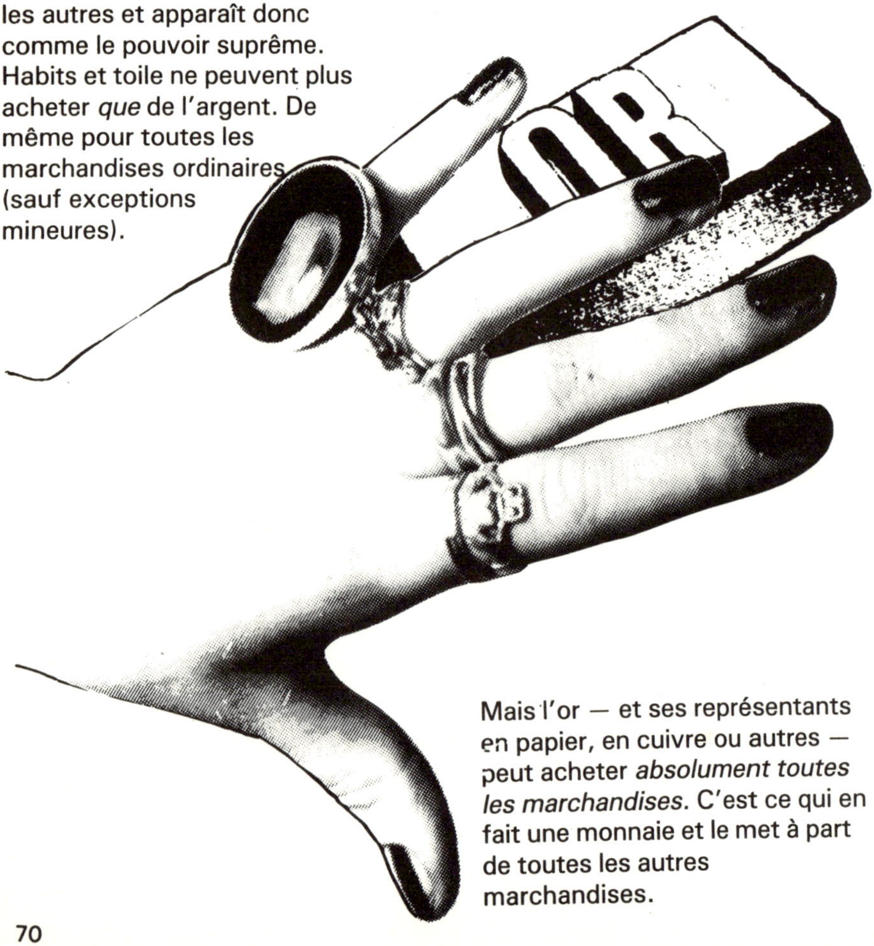

Mais l'or — et ses représentants en papier, en cuivre ou autres — peut acheter *absolument toutes les marchandises.* C'est ce qui en fait une monnaie et le met à part de toutes les autres marchandises.

Le dramaturge Ben Jonson a bien montré le véritable pouvoir social de l'argent en disant

Dans la plupart des sociétés anciennes, l'or n'était qu'un produit parmi d'autres. C'est maintenant la seule et unique marchandise universelle, le seul produit qui se vend immanquablement. Il va plus vite, plus loin et en fait plus que les autres. C'est... la **SUPERMARCHANDISE ! ! !**

Et ses pouvoirs se multiplient plus que jamais quand il fonctionne comme capital.

L'argent devenu capital fait en effet « tout faire aux hommes ».

10. L'ACCUMULATION DU CAPITAL

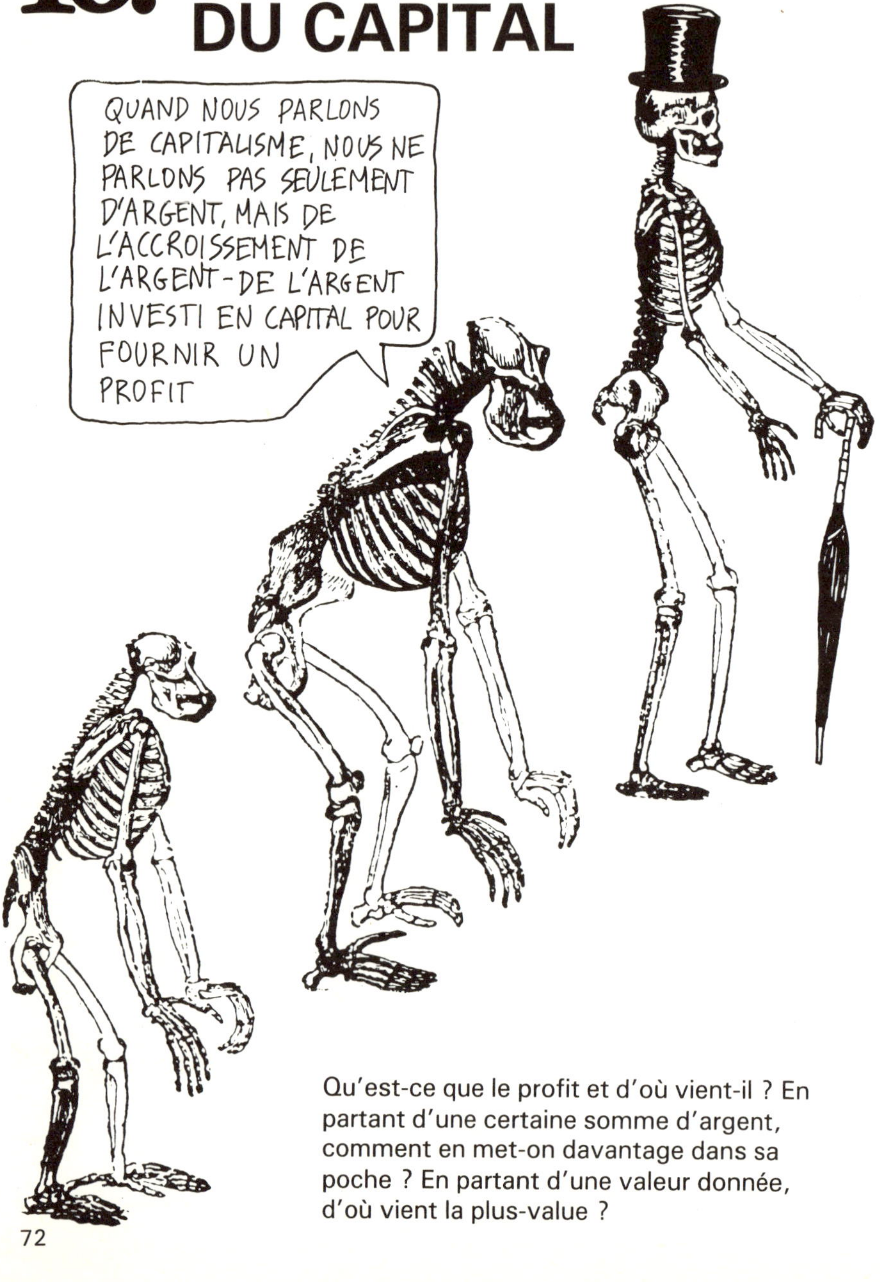

Qu'est-ce que le profit et d'où vient-il ? En partant d'une certaine somme d'argent, comment en met-on davantage dans sa poche ? En partant d'une valeur donnée, d'où vient la plus-value ?

LA SOLUTION DE CE PROBLEME EST TA PLUS GRANDE RÉUSSITE !
IL Y A DEUX RAPPORTS DE BASE À L'ARGENT. LES PRODUCTEURS –EMPLOYÉS OU INDÉPENDANTS– VENDENT POUR ACHETER, LES CAPITALISTES ACHÈTENT POUR VENDRE
Comment ça marche ?

Prenons l'ami Lessner, ouvrier tailleur ; son père, tailleur indépendant ; et Tadfric, un capitaliste. Chacun a un rapport différent à l'argent.

Les deux Lessner vendent pour acheter. L'un vend sa compétence de tailleur (le jeune Lessner), l'autre vend des costumes. Tous deux désirent des marchandises nécessaires.

Le père fabrique et vend des habits, pas pour l'argent en soi, mais pour pouvoir obtenir la nourriture, le logement et d'autres marchandises.

De même, l'ami Lessner vend sa compétence, pas par goût, mais pour de l'argent ; pour un salaire lui permettant d'obtenir le nécessaire.

Nous voyons là le cycle Marchandise-Argent-Marchandise, M-A-M, où l'argent est une étape entre la *fabrication* de Marchandises et l'*achat* de Marchandises.

Pour Tadfric, c'est différent. Il entre en scène non comme producteur, mais comme possesseur d'argent. Son but est d'acheter des marchandises pour les vendre. Il dépense de l'argent pour gagner de l'argent.

L'argent, pour le capitaliste, est le début et la fin de l'échange. Le cycle dans lequel vit Tadfric est l'inverse de M-A-M ; c'est A-M-A, Argent-Marchandise-Argent.

Le miracle de l'argent, c'est que, convenablement utilisé, il produit du profit. L'argent fait de l'argent ! Une somme *initiale* d'argent : A, provoque une somme *plus grande* : A' (qui se lit **A-prime**).
Le cycle du capitaliste n'est donc pas simplement A-M-A mais A-M-A', A' étant plus grand que A. C'est là que nous trouvons l'origine de la plus-value, la différence entre A' et A. Une somme initiale d'argent est remplacée par une somme plus grande. Tadfric obtient effectivement le « profit maximum ».

Tadfric dépense de l'argent pas seulement pour récolter une somme égale. Il n'investit pas 10 F pour récupérer 10 F.

Non, Tadfric veut obtenir plus d'argent qu'il n'en dépense — profiter de l'échange. Victime de « la maudite soif de l'or », il pourchasse passionnément la valeur, cherche toujours à s'enrichir. Le profit est son seul et unique but.

La devise du capitaliste est
« profit maximum ».

L'argent utilisé pour produire de l'argent « s'accroît de lui-même » : c'est le *capital.* C'est le A initial. Une fois investi, le capital produit la plus-value, la différence entre A et A'. Cette plus-value prend trois formes de base : le **profit,** l'**intérêt,** la **rente.**

Une part de la plus-value paie l'intérêt sur A — car Tadfric emprunte vraisemblablement une partie au moins du capital initial. Une autre part est utilisée pour payer le loyer — car Tadfric loue vraisemblablement une partie au moins de la terre ou de l'équipement qu'il utilise.

Le reste est le *profit*... la plus-value appartenant directement à Tadfric et dont il use à son gré. Il y a deux usages principaux : le profit peut être utilisé soit comme *dividendes,* pour le plaisir personnel de Tadfric, soit comme *capital,* comme nouveau A, pour produire encore plus de plus-value.

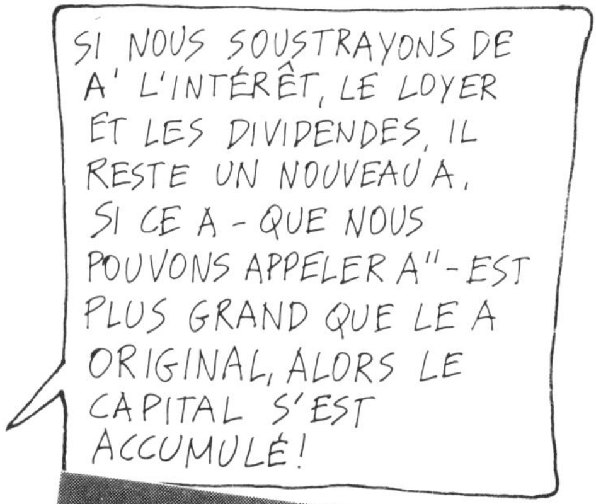

Vison bleu 42 500 F
Vison gris 27 250 F

Bien que la richesse de la société capitaliste se présente comme une accumulation de marchandises, c'est en réalité une accumulation de *capital*. L'accumulation du capital est le principe du capitalisme, le but et le procédé économiques auprès desquels tous les autres pâlissent. « Capitalisme » n'est que le surnom du système de production fondé sur l'accumulation du capital.

Nous l'avons vu, c'est le profit qui permet l'accumulation du capital. Il fait marcher le système, comme le vent dans les voiles d'un bateau ou l'uranium dans un réacteur nucléaire.

L'argent a *prouvé* qu'il peut s'accroître. Comme la poule aux œufs d'or, l'argent a montré qu'il a le pouvoir occulte de s'ajouter de la valeur. L'argent fait des petits. « Les riches s'enrichissent ». *L'argent en tant que capital tend à s'accumuler quand il est investi. Il y a profits.*

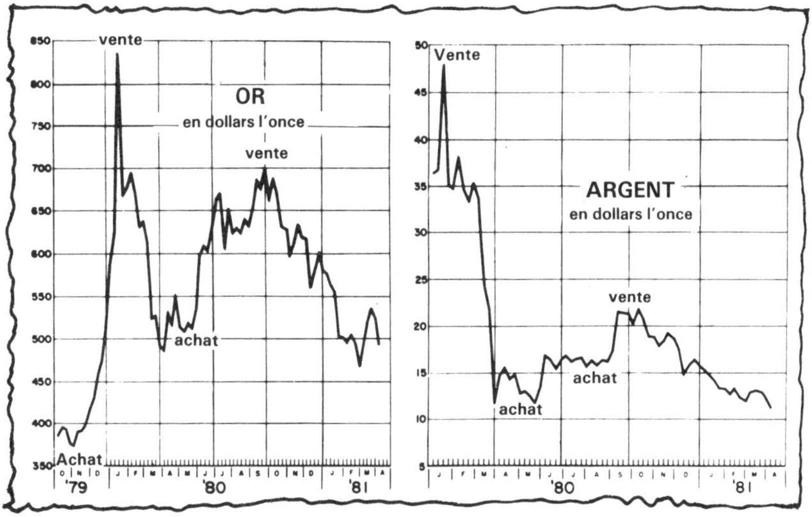

Tadfric est fier de dire que les profits résultent du fait d'« acheter bon marché et vendre cher » ; c'est la bourse.

Supposons que Tadfric vende ses marchandises au-dessus de leur valeur. Il vend à 110 ce qui vaut 100, soit 10 d'enchérissement. Qu'est-ce qui empêche tous les autres vendeurs d'en faire autant ? Si cela arrivait, notre ami Tadfric serait bien embarrassé. Il *perdrait* comme acheteur ce qu'il *gagne* comme vendeur.

On voit naturellement des escroqueries et des affaires louches. Mais, en général, la concurrence ne permet pas de pratiquer des prix excessifs. La rivalité entre capitalistes en compétition pour des marchés et des profits limités tend à maintenir les prix au voisinage de la valeur. Le résultat, c'est que les marchandises tendent à se vendre selon leur prix de revient en terme de travail moyen socialement nécessaire.

Bien sûr, Tadfric voudrait vendre ses produits plus cher ; mais, s'il le fait, ses concurrents lui prendront des clients en vendant moins cher que lui. Ce que Tadfric gagne en prix, il le perd en ventes… s'il ne fait pas complètement faillite.

Considérons finalement un cas particulier d'escroquerie. Supposons que M. X est assez fort pour flouer MM. Y et Z. Bien, mais cela produit-il de la plus-value ? Non ! Il peut y avoir un gain, mais aux dépens des deux escroqués. Aucune valeur *nouvelle* n'est créée.

Quand les monopoles entrent en scène, ça change un peu, mais pas fondamentalement. Il *est* possible à des monopoles de hausser les prix au-dessus de la valeur sans être gênés par la concurrence, et de récolter d'énormes profits, mais les profits en général ne sont pas le résultat du monopole.

Sans monopole, même quand la production est parfaitement compétitive, le profit reste l'enjeu. Retenez que l'accumulation du capital a commencé sur la base de la concurrence. Nous devons donc chercher ailleurs l'explication du profit...

Le capital n'est pas simplement créé dans l'échange, comme *sous-produit* de l'achat et de la vente, mais dans la production. *Entre A et A' intervient le procès de production.* C'est ce que nous devons examiner pour saisir l'origine du capital.

Q= QUEL EST LE POUVOIR DE L'ARGENT ?

R= RIEN QUE A-M, LE POUVOIR D'ACHETER DES MARCHANDISES

Q= MAIS A-M, NOUS L'AVONS VU, NE CRÉE PAS DE PLUS-VALUE. QU'EST-CE QUI LE FAIT ?

R= LE RÔLE DES MARCHANDISES DANS LA PRODUCTION

Q= HEIN ????!!?

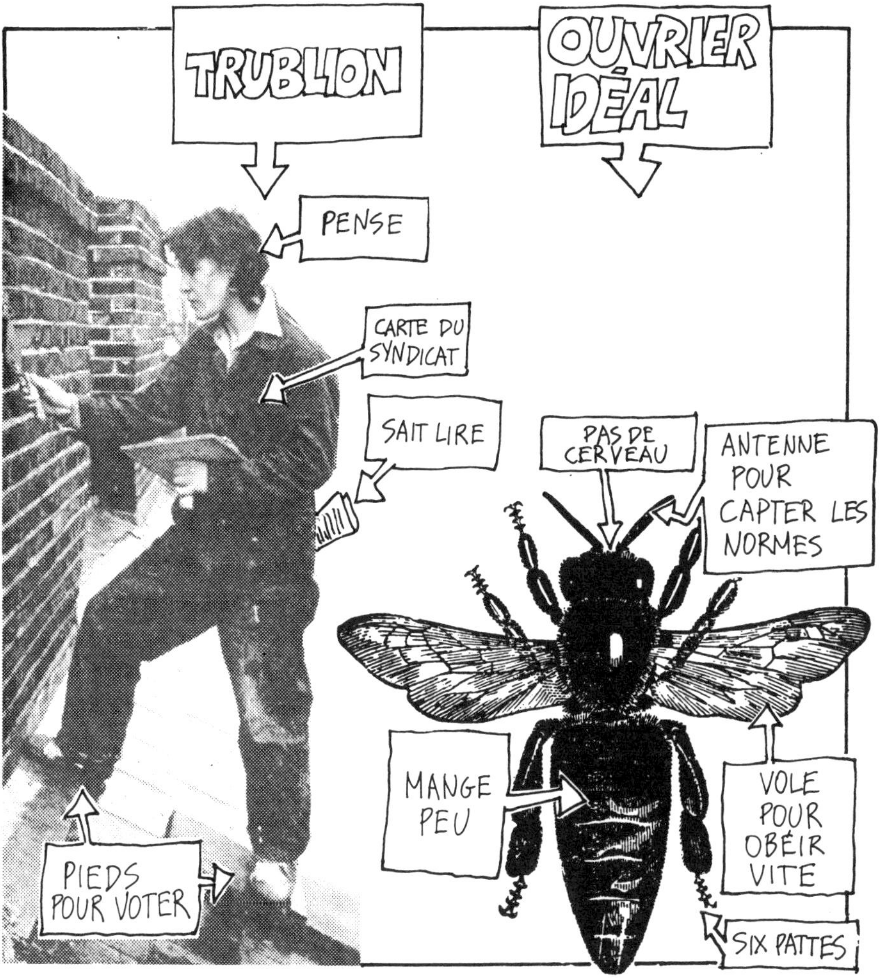

Dans A-M-A′, il y a plus que l'échange. Tadfric ne revend pas simplement ce qu'il achète. Au contraire, Tadfric achète des marchandises qui engendrent de nouvelles marchandises. Si la valeur des marchandises produites n'est pas supérieure à celle des marchandises achetées, Tadfric ne fait pas de profit. Tadfric doit donc avoir la chance de trouver une marchandise spéciale sur le marché qui, une fois achetée, peut servir à produire de la plus-value. Or, Tadfric a de la chance ! Il trouve sur le marché une marchandise spéciale qui crée de la valeur.

11. LA FORCE DE TRAVAIL

Si l'argent est la supermarchandise, la force de travail humaine est la SUPER supermarchandise. L'argent achète de la force de travail pour fournir de la plus-value : c'est ça, le capitalisme. L'argent ne peut agir comme capital qu'en achetant de la force de travail... et le capital ne peut s'accumuler qu'ainsi.

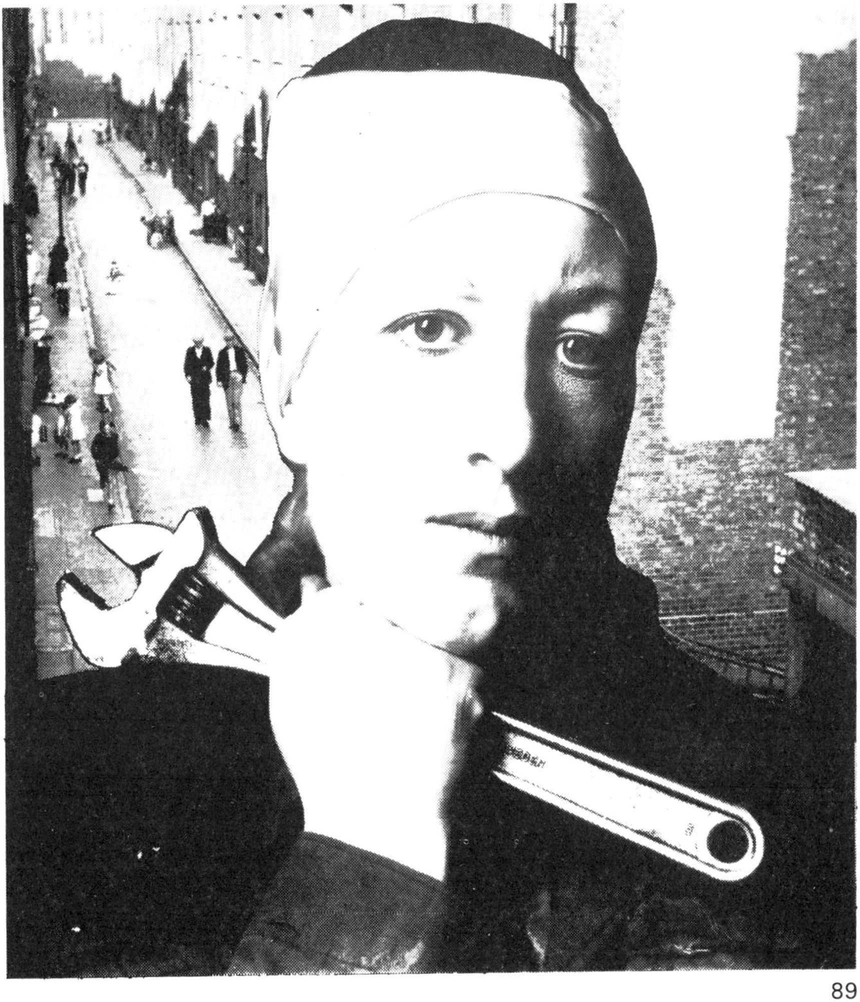

Le capitalisme dépend finalement de la transformation de la force de travail en marchandise. Mais comment cette transformation s'est-elle produite ? Comment des producteurs immédiats sont-ils devenus prolétaires, vendeurs de force de travail, *ouvriers* ?

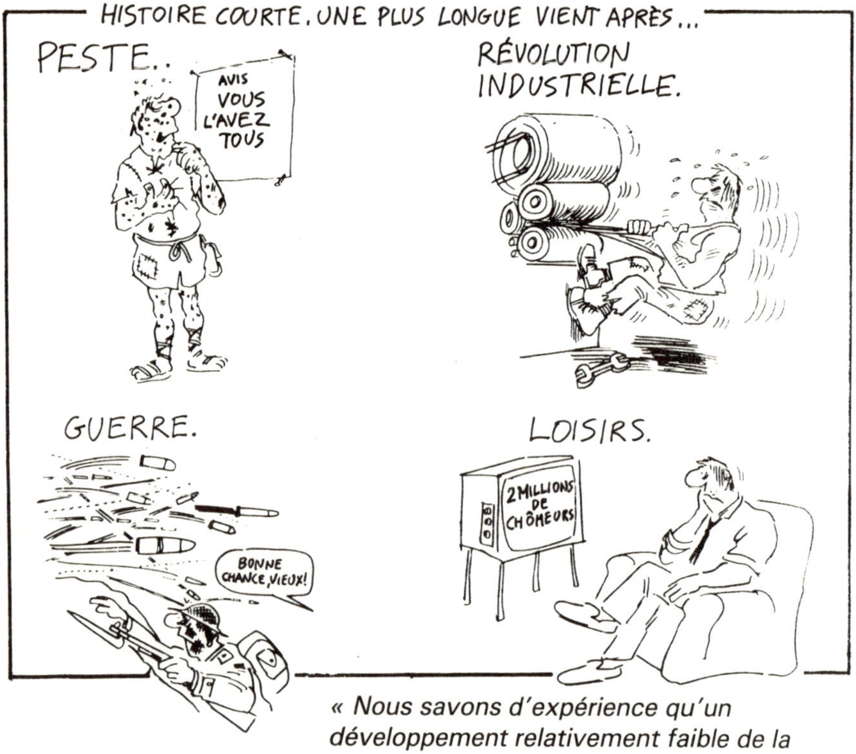

*« Nous savons d'expérience qu'un développement relativement faible de la circulation des marchandises suffit à la création d'*argent. *Mais* le capital *exige plus que la simple circulation de l'argent et des marchandises. Le capital n'apparaît que lorsque le possesseur d'argent, propriétaire de fabriques, d'outils, etc., trouve sur le marché le travailleur libre vendeur de sa force de travail. Cette unique condition historique recèle tout un monde nouveau. Le capital s'annonce dès l'abord comme une époque de la production sociale. »*

« Mais comment expliquer cet étrange phénomène : nous trouvons sur le marché un groupe d'acheteurs (possesseurs d'argent, de terre et de machines) et un groupe de vendeurs (ne possédant que leur force de travail, leurs bras et leur cerveau) ? Comment se fait-il qu'une classe achète continuellement pour faire des profits et s'enrichir, tandis que la classe ouvrière vend continuellement sa force de travail pour gagner sa vie ? »

Une chose est claire. La nature ne produit pas d'un côté des capitalistes et de l'autre des travailleurs.
Les classes sociales ne tombent pas du ciel et ne jaillissent pas de terre toutes faites. La bourgeoisie (la classe dominante) et le prolétariat (la classe ouvrière), notamment, résultent d'une longue chaîne d'événements historiques.

12. L'EXPROPRIATION

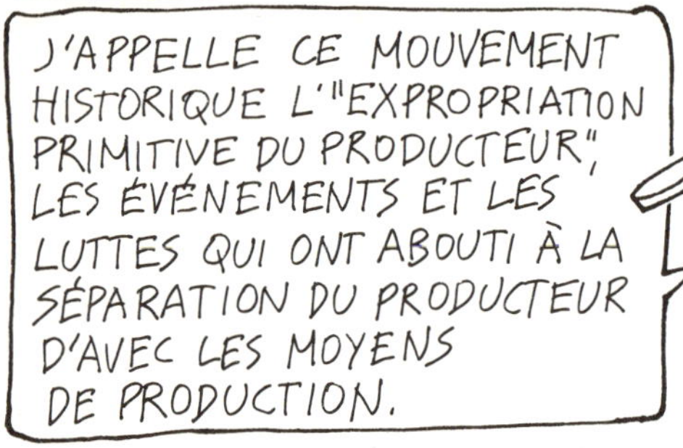

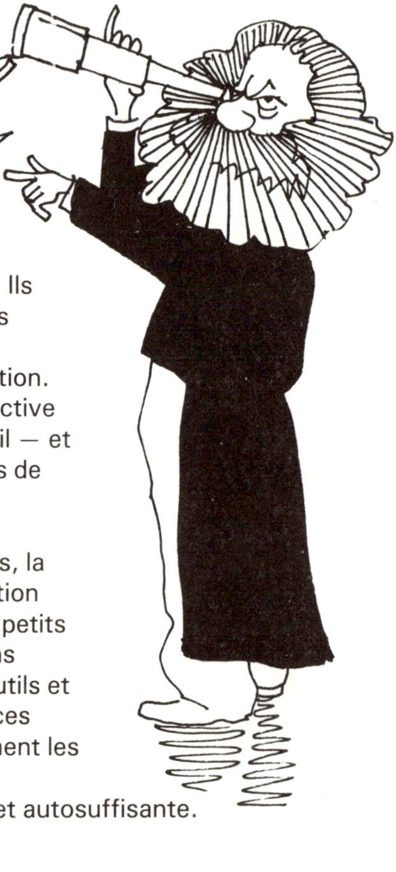

Les moyens de production sont décisifs. Ils comprennent les outils, les machines, les bâtiments, les matières premières, les ressources et tout ce qu'exige la production. La production est donc la combinaison active de l'énergie humaine — la force de travail — et des sources de production — les moyens de production.
Quand les sources de production sont contrôlées par les producteurs immédiats, la force de travail et les moyens de production s'articulent organiquement. Prenons les petits fermiers qui cultivent le blé ou les artisans chapeliers. Possédant directement les outils et les matières nécessaires à leur activité, ces producteurs immédiats utilisent simplement les sources de production. La production résultante est indépendante et autosuffisante.

Mais ôtez la terre, le bétail, les ressources naturelles. Arrachez les outils des mains du producteur, que reste-t-il ? Un vagabond sans feu ni lieu qui ne possède que sa force de travail.

Cette expropriation du producteur est précisément la première condition historique du capitalisme. D'abord liés, moyens de production et force de travail sont désormais séparés. Le capital s'empare des moyens de production. Sans moyens de production, le producteur immédiat n'a rien — que sa force de travail. Pour survivre, il doit vendre sa force de travail contre un salaire, et devient ainsi un prolétaire.

De cette façon, force de travail et moyens de production se réunissent et se combinent non pas organiquement, mais de façon perverse et deviennent les jouets du capitaliste.

Le prolétaire est dans une dépendance ignoble vis-à-vis du capitaliste : pour un « emploi », pour « pouvoir gagner sa vie », pour avoir accès aux moyens de production. Le prolétaire effectue tout le travail productif, mais seul le capitaliste contrôle la production, simplement en possédant les moyens de production, ce qui lui permet d'acheter, donc de posséder aussi la force de travail.

13. UNE LEÇON D'HISTOIRE

L'expropriation historique du producteur immédiat a d'abord eu lieu en Angleterre aux XVe, XVIe et XVIIe siècles ; plus tard, dans toute l'Europe et presque tout le monde. Le processus continue : les producteurs de toute la planète deviennent salariés. Revoyons le début de l'histoire en Angleterre, l'île majestueuse, terre de lumière et d'harmonie où sont nés le capital et le prolétariat. Histoire écrite en lettres de sang et de feu...

Beaucoup de moralistes et de politiciens racontent une histoire édifiante destinée à nous éclairer sur les origines jolies de la richesse et de la pauvreté : « Il y a très, très longtemps, disent-ils, il existait deux sortes de gens : là des gens d'élite, laborieux, intelligents et frugaux ; ici un tas de coquins dépensiers faisant ripaille. Ces derniers finalement n'eurent plus rien à vendre que leur peau. Et de ce péché originel datent la pauvreté de la grande masse qui, malgré tout son travail, n'a jusqu'ici rien à vendre qu'elle-même, et la richesse de quelques-uns qui s'accroît constamment bien qu'ils ne travaillent plus depuis longtemps. »

Dans la réalité, la conquête, l'asservissement, le vol et le meurtre ont joué le plus grand rôle. Pas seulement la classe ouvrière, mais la pauvreté, le colonialisme et tout le reste sont le résultat non pas d'une fragile « nature humaine », mais d'une guerre épique des chefs et des aristocrates de tout poil contre les gens du peuple.

L'exploitation n'est pas une nouveauté. C'est le contrôle du surtravail par une classe oppressive armée. Ce contrôle oppressif armé existe dans toutes les sociétés depuis l'introduction de l'esclavage. C'est en fait la marque de la société de classes.

Seule sa forme diffère dans la société capitaliste, où le surtravail devient surplus de *travail abstrait*, ou *plus-value.*

Qu'est-ce exactement que le surtravail ?

En plus du travail nécessaire à la survie — le travail *nécessaire* —, les gens peuvent effectuer davantage de travail et produire en plus : c'est le *surtravail*. La capacité de surtravail est une chose que les gens acquièrent par étapes. D'abord, dans les sociétés les plus primitives, la force de travail est relativement sous-développée ; les gens ne sont capables que de se reproduire, de subsister par la cueillette, etc. Cependant par un développement personnel difficile, les gens acquièrent des techniques plus efficaces, comme les travaux manuels et l'agriculture.

Quand la force de travail se développe au point que le surtravail est possible, l'existence humaine est bouleversée.

Après la disparition des premières cultures communautaires, le surtravail tomba sous la domination d'une succession de classes exploiteuses. Dans les sociétés esclavagistes, de l'Antiquité grecque au « Nouveau Monde », les maîtres contrôlaient le surtravail (et aussi le travail nécessaire). Pendant la féodalité, les serfs effectuaient du surtravail pour les seigneurs dont ils travaillaient la terre plusieurs jours par semaine. Dans les deux cas, le meilleur était pris par une classe armée de propriétaires (d'esclaves ou de terres). L'« exploitation » n'est que le contrôle exercé par les oppresseurs sur le surtravail des opprimés.

14. LA FORMATION DE LA CLASSE OUVRIÈRE

Dans la société capitaliste, le surtravail est extrait du prolétariat sous la forme de plus-value. Nous pouvons mieux comprendre comment cela est arrivé en étudiant l'histoire de l'expropriation du producteur. Nous devons retourner à l'époque de l'histoire d'Angleterre où des masses d'hommes, de femmes et d'enfants furent soudain arrachés de force à leurs moyens de production et jetés sur le marché du travail pour vendre leur force de travail. La base de cette évolution, c'est l'expropriation des cultivateurs.

A la fin du XIVe siècle, en Angleterre, le servage avait déjà pratiquement disparu. L'immense majorité de la population se composait de paysans libres. Contrairement à leurs ancêtres, ces paysans travaillaient relativement peu pour les nobles, mais plutôt sur leurs propres terres ou sur les terres communales. Malgré l'existence d'immenses domaines, les petites propriétés paysannes étaient beaucoup plus courantes.

L'éviction violente de ces petits propriétaires de leurs terres se fit en plusieurs étapes. Ainsi se forma un prolétariat sans biens. Le coup d'envoi fut donné par la monarchie. Afin de renforcer la royauté contre les nobles, le pouvoir royal procéda au licenciement des nombreuses suites seigneuriales entourant les grands nobles.

Ces *aides de camp* furent ainsi les premiers jetés en nombre considérable sur le premier marché du travail.

En opposition ouverte, les grands féodaux créèrent un prolétariat autrement considérable en usurpant les terres des paysans dans un effort impitoyable pour renforcer le pouvoir aristocratique.

La raison directe de cette expropriation fut l'essor des manufactures de laine en Flandre et la hausse des prix de la laine qui en résulta. Recherchant l'argent comme la puissance des puissances, la noblesse décida de transformer les terres arables en pâturages.

Pour ce faire, elle jeta toute sa force militaire contre la paysannerie et finit par la chasser par la violence, pillant et détruisant d'innombrables villages par la même occasion.

Une loi datant d'Henri VIII évoque le transfert du contrôle des moyens de production qui s'ensuivit : « Beaucoup de fermes et de grands troupeaux de moutons s'accumulent en peu de mains, et d'énormes masses de peuple se trouvent dans l'impossibilité de subvenir à leur entretien et à celui de leurs familles. »

Le ministre d'Henri, Thomas More, parle dans son *Utopie* de l'étrange pays où

Comme l'a dit Francis Bacon,

Autrefois possesseurs de plusieurs arpents, les paysans se trouvèrent pratiquement sans terre. Aujourd'hui encore, l'ouvrier type a bien de la chance s'il possède un petit jardin.

Aux XVIe et XVIIe siècles, l'expropriation reçut deux nouvelles et terribles impulsions : la confiscation massive des terres de l'Église catholique (durant la Réforme) et des domaines de l'État (durant la « glorieuse Révolution » de 1688).

Le résultat fut que, par des méthodes de terrorisme impitoyable, les terres d'Angleterre cessèrent d'être propriétés communales et petites parcelles pour devenir d'immenses affaires privées. Tandis que le nombre d'anciens déracinés, sans terres et sans droits, grossissait démesurément.

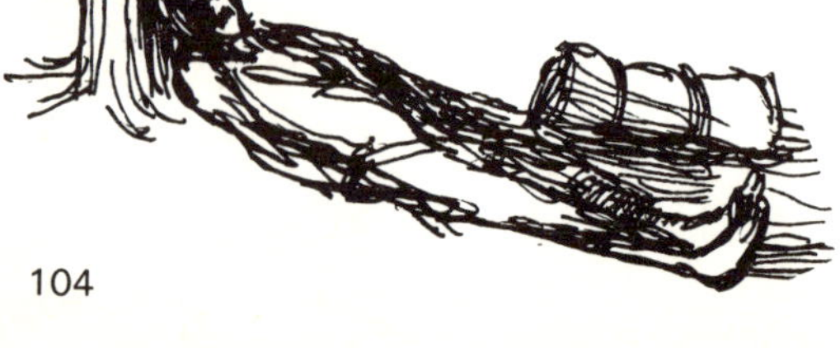

Où allaient ces paysans ?

Ainsi parlait la reine Elizabeth après avoir fait le tour de l'Angleterre. Peu après, on se vit forcé de reconnaître officiellement le paupérisme en établissant la taxe des pauvres.

Mais les autorités ne traitaient généralement pas la paysannerie réfugiée avec bienveillance. Bien au contraire. Une violence incroyable se déchaîna sur ces gens déjà terrorisés, pour en faire une classe ouvrière passive et docile, les discipliner pour l'industrie, briser leur esprit de révolte.

La création du prolétariat sans feu ni lieu allait nécessairement plus vite que son absorption par l'industrie naissante. Brusquement arrachés à leur vie habituelle, avec peu de possibilités de travail salarié, ces malheureux devinrent en grand nombre mendiants, voleurs et vagabonds.

L'État montra vite sa commisération pour ces nouveaux pauvres en décrétant des lois draconiennes qui traitaient mendiants et vagabonds de « criminels volontaires ».

• En 1530, sous le règne d'Henri VIII, un vagabond était condamné au fouet pour un premier délit, à avoir l'oreille coupée pour un second, à être exécuté à la deuxième récidive... sans qu'on l'ait aidé à trouver du travail.

• En 1547, sous le règne d'Edouard VI, tout réfractaire au travail — lequel ? avec quels moyens de production ? — était adjugé comme esclave.

• En 1572, sous le règne d'Elizabeth, les mendiants sans permis âgés de 14 ans ou plus étaient fouettés et marqués au fer rouge. Récidive : la mort.

« C'est ainsi que la population des campagnes, violemment expropriée et réduite au vagabondage, a été rompue à la discipline qu'exige le système du salariat par des lois d'un terrorisme grotesque, par le fouet, la marque au fer rouge, la torture. »

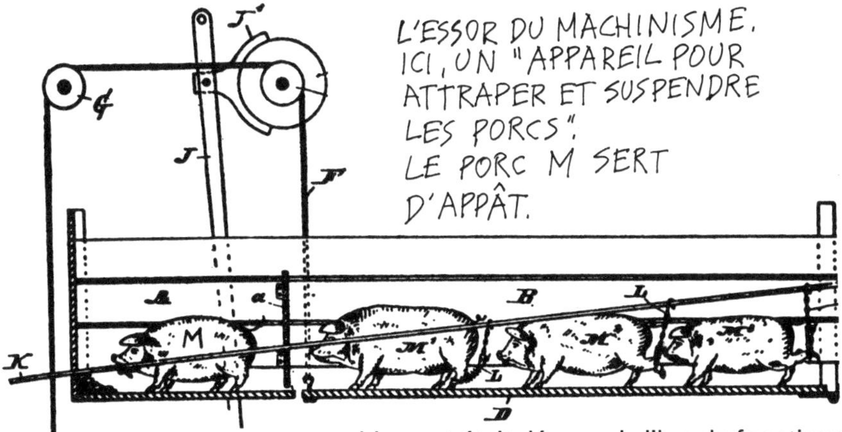

L'argent était désormais libre de fonctionner comme capital, en achetant de grandes quantités de force de travail pour assurer la production manufacturière et, plus tard, industrielle. Fuseaux, métiers et autres moyens de production, autrefois dispersés dans la campagne, furent réunis dans les premières fabriques. Le commerce pénétra partout, animé par la « révolution industrielle » récente. La concentration des moyens de production, jointe à la force de travail salariée, fournit une combinaison extrêmement dynamique.

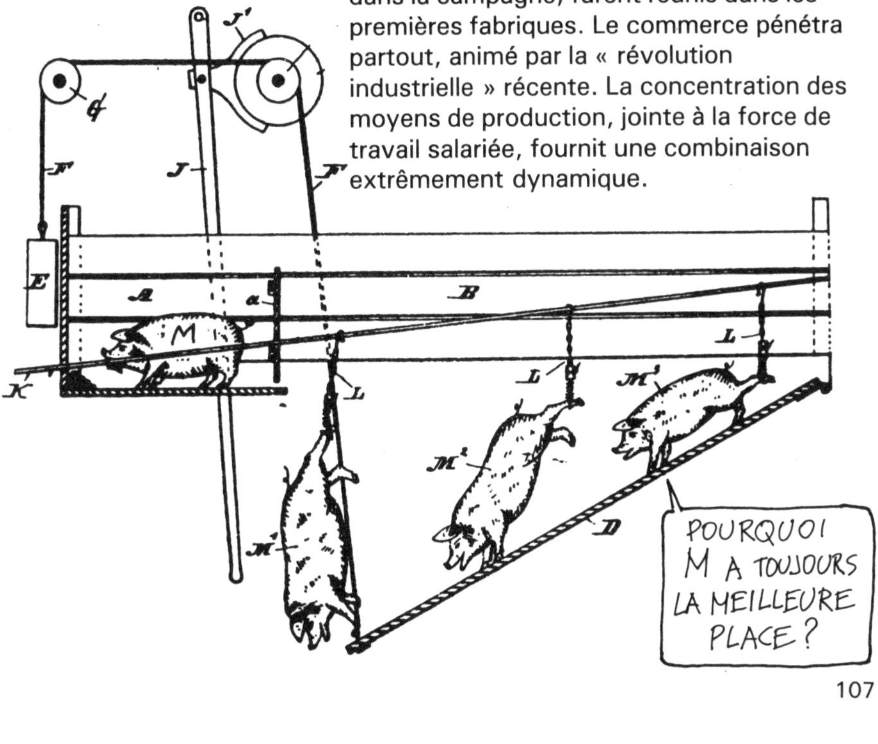

« La découverte d'or et d'argent en Amérique, l'élimination, l'asservissement et l'enfouissement dans les mines des indigènes américains, les commencements de conquête et de pillage aux Indes orientales, la transformation de l'Afrique en une sorte de garenne commerciale pour la chasse aux peaux noires, voilà les procédés idylliques qui signalent l'ère capitaliste à son aurore. »

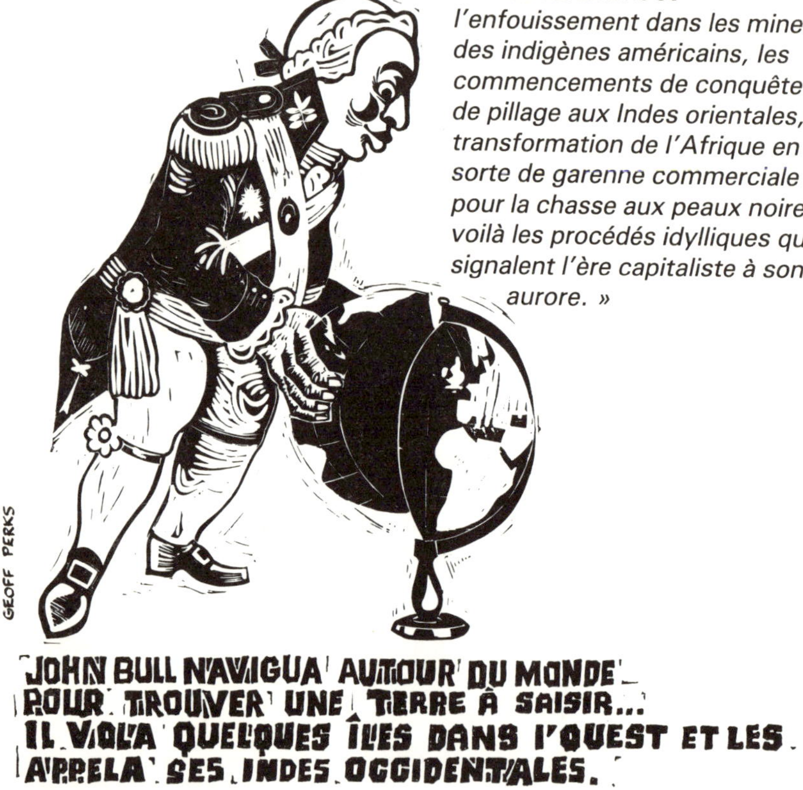

Au début, le capital ne put absorber qu'une fraction de la population excédentaire venue des campagnes, laissant sans emploi des foules de mendiants et de vagabonds. Mais, une fois mise en route, la production capitaliste prit de l'ampleur. A mesure que les décennies et les siècles passaient, l'immense majorité de la population anglaise devenait prolétaire. Il en a été de même ailleurs.

Les méthodes terroristes et les lois sanguinaires par lesquelles la population sans terre avait été amenée à la discipline du travail furent de moins en moins nécessaires : la production capitaliste se stabilisa et devint la forme « normale » de production.

Désormais, « la sourde pression des rapports économiques achève le despotisme du capitaliste sur le travailleur. Parfois, on a encore recours à l'emploi de la force brutale, mais c'est par exception. Dans le cours ordinaire des choses, le travailleur peut être abandonné à l'action des ''lois naturelles'' des rapports de production — peur du chômage, faim, besoin »...

"DES PIÈCES QUI NE SERONT PAS MONTRÉES À LA GRANDE EXPOSITION", PUNCH, 1851.

Parce qu'ils ne possèdent pas de moyens de production, les travailleurs n'ont d'autre choix que de vendre « librement » leur force de travail. C'est ainsi que le prolétariat devient l'acteur principal sur la scène économique.

Le prolétariat diffère des classes ouvertement opprimées (serfs, esclaves) sur deux points. Les prolétaires sont « libres » de vendre leur force de travail et (contrairement aux serfs) « libres » de tous moyens de production. C'est la base de la célèbre « liberté » de la société bourgeoise.

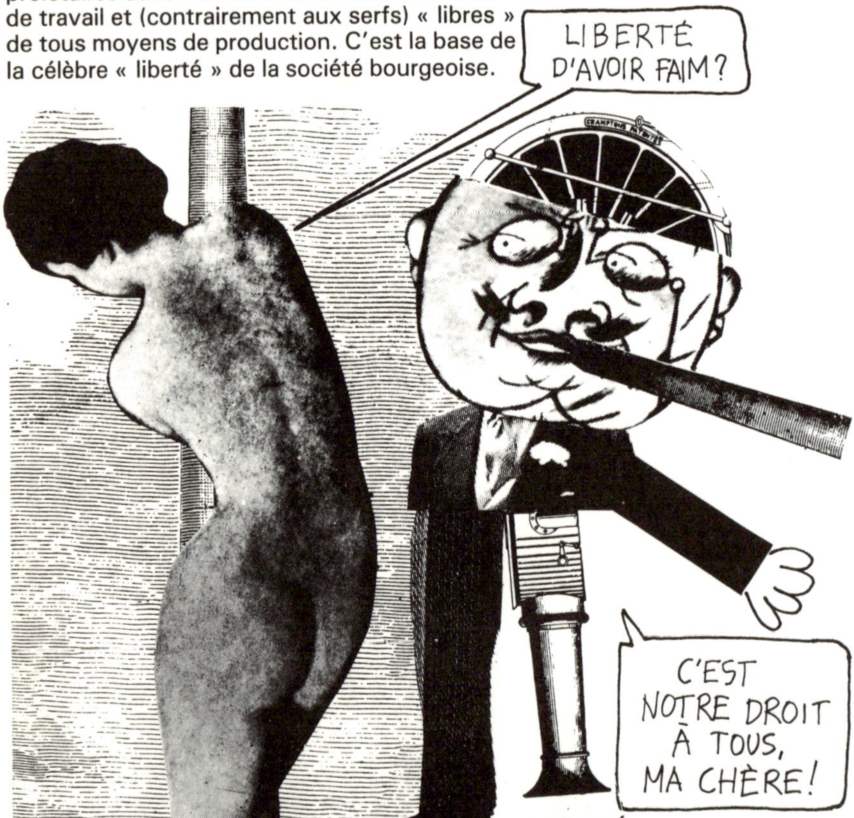

• LIBERTÉ, parce que vendeur et acheteur agissent de leur plein gré et s'engagent en individus libres et égaux devant la loi.

• ÉGALITÉ, parce que leur rapport est celui de simples possesseurs de marchandises échangeant équivalent contre équivalent.

• PROPRIÉTÉ, parce que chacun ne dispose que de ce qui lui appartient.

Mais quand nous quittons la sphère de l'échange — quand nous entrons dans la demeure secrète de la *production,* sur le seuil de laquelle on peut lire : « Entrée interdite, sauf pour affaires » — un certain changement intervient dans l'attitude des protagonistes.

Le possesseur d'argent marche devant à grands pas, en capitaliste ; le possesseur de force de travail suit comme son travailleur. L'un sourit d'un air important, tout absorbé par ses affaires, l'autre est déférent et craintif. Nous parlons maintenant de *l'aliénation du travail* — la subordination de l'ouvrier à un pouvoir étranger. Résultat direct de la vente de la force de travail, la subordination de l'ouvrier est un trait intrinsèque du statut de la force de travail en tant que marchandise. Comportant une fausse liberté — la « liberté » de jouer un rôle de subordonné —, l'aliénation du travail est un préalable essentiel à l'exploitation de celui-ci.

La liberté du travailleur est une chose bizarre. Il devrait être évident, en fin de compte, que le travailleur qui participe à un échange de marchandises est libre de faire une seule chose : vendre du temps et de l'énergie contre un salaire. On trouve des patrons et des emplois différents, mais les travailleurs ne peuvent éviter patrons et emplois que s'ils ne s'occupent pas de « gagner leur vie ». Chacun sait qu'il n'y a que deux sortes de travailleurs : les placés et les chômeurs.

Avec la vente de la force de travail, les travailleurs perdent tout contrôle sur ce qu'ils font. Que produire et comment — buts et méthodes du travail — sont des questions auxquelles seul le capitaliste peut répondre. Et le résultat du travail — le produit lui-même — appartient indiscutablement non au producteur, mais au capitaliste.

Une volonté étrangère qui ne se soucie que du profit décide de ce que fait le travailleur.

Tadfric prévient fermement le travailleur :

Les travailleurs n'ont jamais le droit de donner leur avis. Les « décisions d'investissement » — *comment* et *pourquoi* employer la force de travail et les moyens de production, par exemple fabriquer des armes nucléaires ou des bonbons — sont la prérogative du capital.

En vendant sa force de travail — ce qui n'a de « libre choix » que le nom —, le travailleur renonce au contrôle sur son travail. Ainsi le travail, l'usage de la force de travail, est aliéné, comme l'usage des marchandises est aliéné en général. La différence, c'est qu'une fois vendu le travail ne peut jamais être récupéré.

Le pain, bien que son utilité soit cachée pendant qu'il attend la vente, peut au moins être mangé quand il est vendu. L'usage de la force de travail, au contraire, est encore plus aliéné *après* sa vente.

Les travailleurs peuvent résister à la tyrannie du capitaliste de diverses façons, mais à leurs risques et périls. Ils peuvent être licenciés. Le capitaliste peut refuser de continuer à acheter la force de travail. A ce moment-là, le travailleur est coupé à la fois des *moyens de production* et des *moyens de subsistance.* Certes, la résistance est possible et nécessaire, mais elle ne change rien au fait qu'un travailleur dépend du capitaliste.

Et Tadfric a la loi pour lui. Après tout, il achète votre force de travail, non ? Alors, elle lui appartient pour en faire ce qu'il veut. Si vous protestez, allez donc à la police ou aux tribunaux. Vous verrez vite que l'usage de la force de travail appartient à son propriétaire en titre : Tadfric.

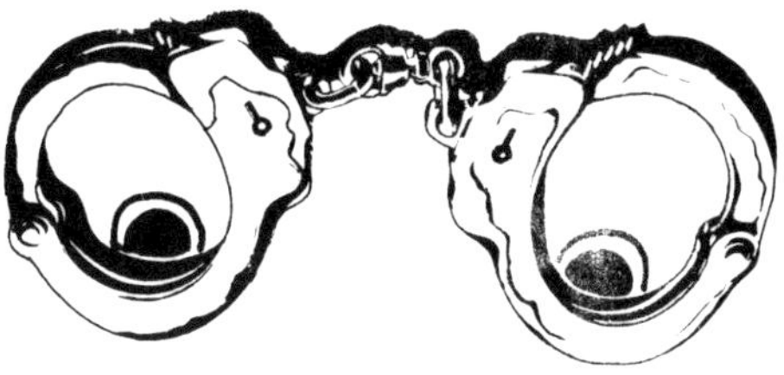

POLICE CONTRE GRÉVISTES AUX USA, 1932

15. LA PLUS-VALUE

L'aliénation du travail est le préalable essentiel à son exploitation. Vendue pour être utilisée, la force de travail doit être *aliénée* pour être *exploitée.* Elle devient alors source de plus-value.

Enchérir sur les marchandises ne crée *pas* de plus-value ; exploiter la classe ouvrière, *oui.*

Comment ?

Depuis des millénaires les gens sont capables de fournir du surtravail, depuis la première révolution de l'agriculture. Dans la société capitaliste contemporaine, le premier résultat du surtravail est la *plus-value.* Vous vous rappelez A-M-A' ? Le capital cherche à s'accroître, se multiplier, matérialiser après investissement plus de travail abstrait qu'avant.

Tadfric veut acquérir de plus en plus de force de travail et de moyens de production. Pour cela, il lui faut de plus en plus d'argent. Cette provision d'argent croissante lui est fournie par l'exploitation du travailleur.

Quelle est la valeur d'une marchandise ? C'est le temps de travail socialement nécessaire, requis pour le produire. Comme dans la société capitaliste la force de travail est aussi une marchandise, elle a aussi sa valeur. C'est le temps de travail moyen nécessaire pour « produire » le travailleur, pour le garder vivant et productif... juste ce qu'il coûte pour redonner des forces au travailleur afin que la force de travail de *demain* soit grosso modo la même qu'*aujourd'hui.*

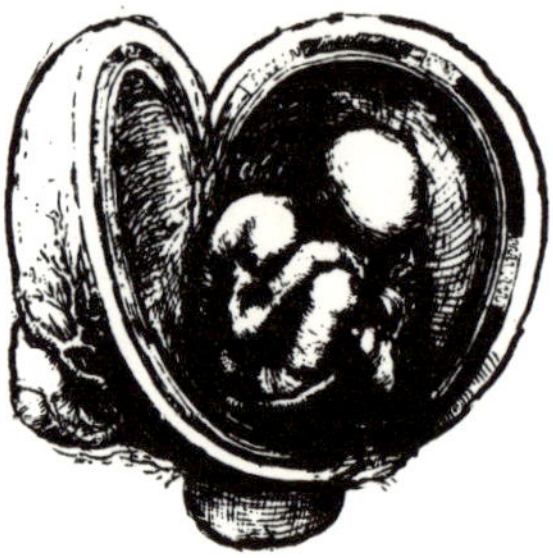

Historiquement, la tâche de la reproduction de la force de travail est réservée aux femmes en tant qu'épouses et mères...

Le fait remarquable, c'est que les travailleurs sont capables de produire des marchandises qui ont plus de valeur que la force de travail elle-même.

Prenons un travailleur au hasard. S'il en coûte 300 F pour fournir au travailleur ses moyens de subsistance, un capitaliste est imprudent en payant cette somme, à moins que le produit du travailleur (du pain, par exemple) vaille plus que 300 F. Autrement, le capitaliste fera faillite. Mais si le travailleur produit des marchandises valant plus que l'investissement initial, tout va bien. L'investissement « travaille » : il « fait » de l'argent.

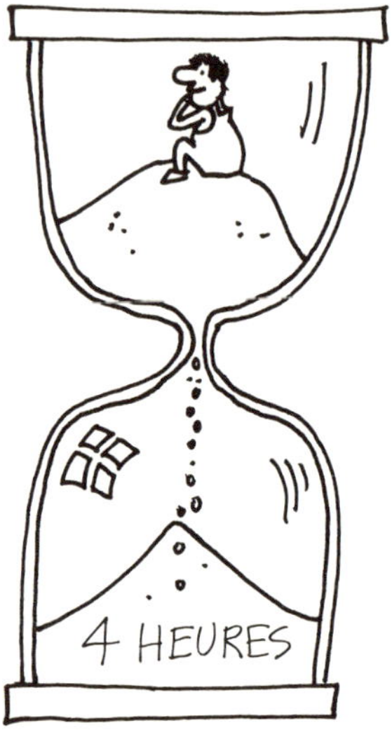

TEMPS NÉCESSAIRE AU TRAVAILLEUR POUR SA SUBSISTANCE

S'il arrive que le travailleur produise des marchandises de valeur égale à celle de sa force de travail en seulement quelques heures de la journée de travail — disons en 4 heures —, rien n'empêche le capitaliste d'employer le travailleur pendant plus de 4 heures... 8 heures par exemple. Quand ça arrive (et c'est ce qui arrive !), le résultat est la plus-value.

TEMPS NÉCESSAIRE QUAND ON AJOUTE LE SURTRAVAIL.

Nous appelons (ô surprise !) les 4 heures nécessaires pour produire des marchandises de valeur égale à la force de travail du travailleur TRAVAIL NÉCESSAIRE. Nous appelons le temps en plus passé à produire des marchandises le SURTRAVAIL. En admettant que le travailleur passe le temps moyen socialement nécessaire pour produire ce qui est produit, ce travail compte pour autant de valeur de travail abstrait socialement égal. Le surplus accumulé est du surplus de travail abstrait... c'est la *plus-value.*

MÊME SI LE TRAVAIL DE L'OUVRIER EST AU-DESSOUS DE LA MOYENNE, IL PRODUIT DE LA PLUS-VALUE, MAIS MOINS. IL COMPTE POUR MOINS DE TRAVAIL ABSTRAIT QUE S'IL AVAIT ÉTÉ AU MOINS MOYEN. PAR EXEMPLE, 8 HEURES DE TRAVAIL AU-DESSOUS DE LA MOYENNE PEUVENT PRODUIRE DES MARCHANDISES NE DEMANDANT NORMALEMENT QUE 6 HEURES POUR ÊTRE PRODUITES. CELA NE REPRÉSENTERAIT DONC QUE 6 HEURES DE TRAVAIL ABSTRAIT. MAIS, SI LE TRAVAIL NÉCESSAIRE NE DEMANDE QUE 4 HEURES DE TRAVAIL, IL Y A ENCORE UN SURPLUS DE 2 H. CE N'EST QUE LA MOITIÉ DU SURPLUS MOYEN, MAIS C'EST UN SURPLUS. D'AUTRE PART, SI LE TRAVAIL DE L'OUVRIER EST TELLEMENT EN DESSOUS DE LA MOYENNE QUE CELUI-CI NE PRODUIT PAS DE MARCHANDISES D'UNE VALEUR SUFFISANTE POUR COMPENSER LE PAIEMENT D'UN SALAIRE, ALORS LE PATRON FERA FAILLITE.
JOURNAL DE LA BOURSE
DIRECTION "MOYENNE" RAISONNABLE

C'EST POURQUOI IL EST VITAL POUR LES CAPITALISTES D'AVOIR UN ÉQUIPEMENT AD HOC ET DES TRAVAILLEURS DE COMPÉTENCES AU MOINS MOYENNES !
TELEPHONE

TADFRIC ACHÈTE DEUX TYPES DE MARCHANDISES POUR METTRE EN ROUTE LE PROCÈS DE PRODUCTION : LA FORCE DE TRAVAIL ET LES MOYENS DE PRODUCTION. L'ARGENT A DONC FONCTION AINSI DE CAPITAL DE DEUX FAÇONS : 1. EN ACHETANT DE L'ÉNERGIE HUMAINE VIVANTE ET 2. EN ACHETANT DES RESSOURCES DE PRODUCTION, PRODUITS, EN PARTIE, DE CETTE ÉNERGIE HUMAINE.
Das Kapital

LA PLUS-VALUE RÉSULTE DE L'UTILISATION D'UNE SEULE DE CES MARCHANDISES, LA FORCE DE TRAVAIL. LES MOYENS DE PRODUCTION AJOUTENT DE LA VALEUR AU PRODUIT, MAIS PAS PLUS QU'ILS N'EN MATÉRIALISENT. PAS DE PLUS-VALUE

LE CAPITAL VARIABLE

Cela nous permet de distinguer différentes formes de capital. Puisque la valeur ajoutée à la marchandise par la force de travail varie, introduisant une possibilité de surplus, nous appelons l'argent dépensé pour la force de travail CAPITAL VARIABLE.

LE CAPITAL CONSTANT

Puisque la valeur transformée en moyens de production ne varie pas, nous appelons l'argent dépensé pour les moyens de production CAPITAL CONSTANT.

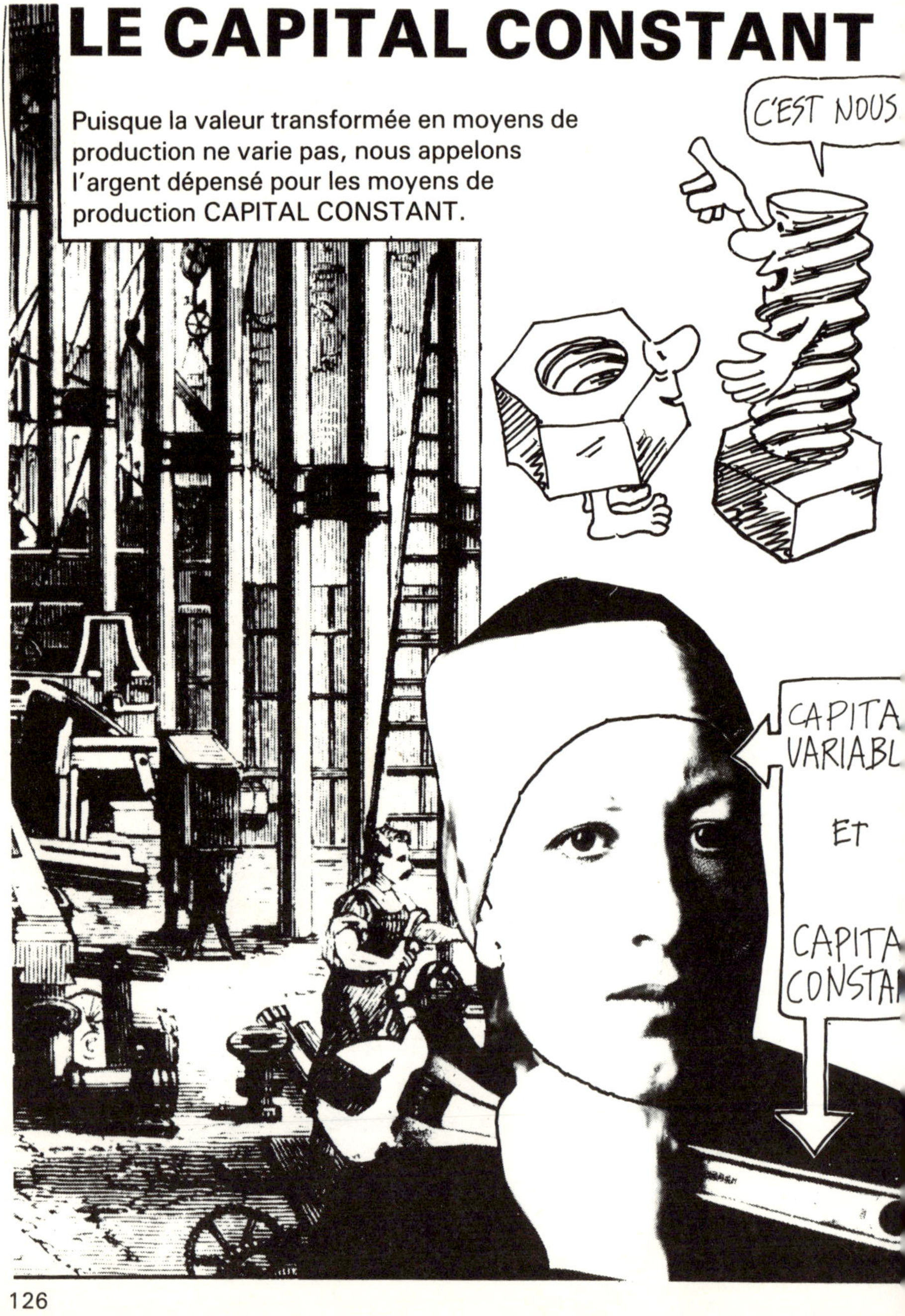

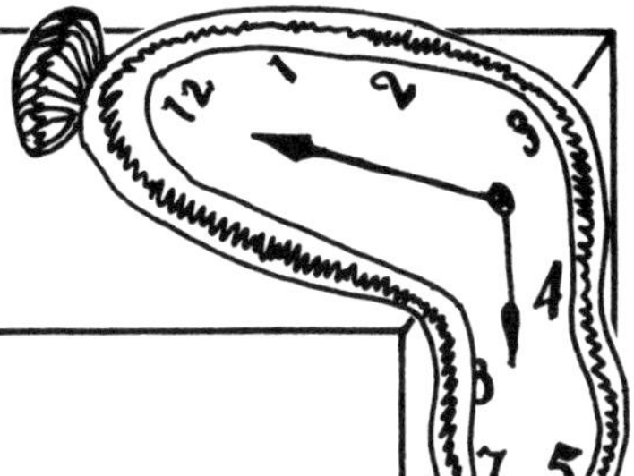

Pourquoi le capital constant n'engendre-t-il pas de plus-value ? Pourquoi, par exemple, la contribution des machines à la production n'ajoute-t-elle pas plus de valeur que la valeur même des machines ?

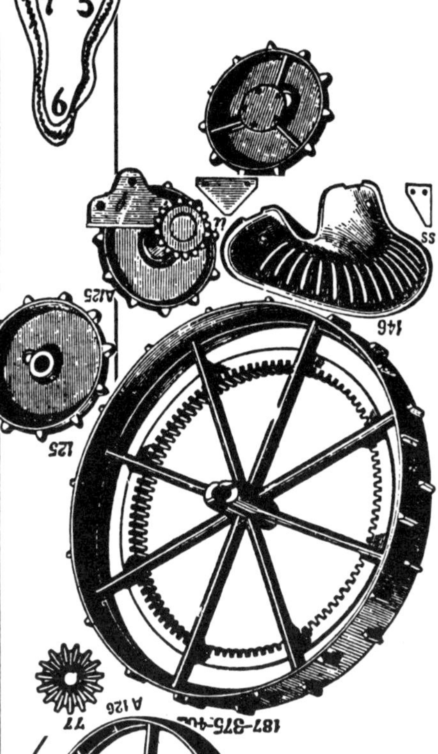

Prenons l'exemple d'une montre. La valeur de la montre est la quantité totale de travail socialement nécessaire à sa production. D'accord ? Cette « quantité totale » de travail ne comprend pas seulement le travail utile directement dépensé pour faire la montre (assemblage du mécanisme, rattachement des ressorts aux rouages, fixation du verre, etc.), mais aussi le travail matérialisé dans les différents outils et accessoires nécessaires pour faire la montre.
Il s'agit des divers instruments délicats et des machines, plus les ressorts, les rouages, le verre, etc.

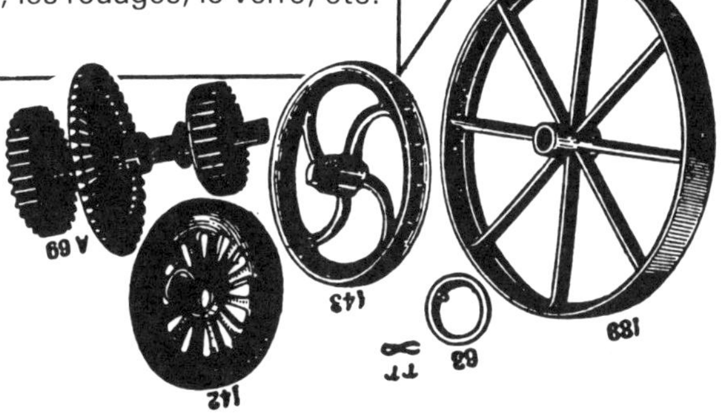

Tadfric achète ces outils et accessoires afin qu'un horloger salarié puisse les utiliser pour faire une montre.
Nous supposons que Tadfric achète cet équipement à sa valeur — qu'un échange d'équivalents a lieu, où Tadfric paie l'équipement à sa valeur réelle fixée par le travail abstrait qu'il contient.
Dans ce cas, l'usage de cet équipement ne créera pas de plus-value. Pourquoi non ?

EXPLICATION

Imaginons un instant que Tadfric achète juste assez d'équipement (machine et matériel) pour produire 100 montres. Quand ces montres seront terminées, chaque machine sera usée et tous les accessoires utilisés.
Supposons que la valeur totale de cet équipement soit de $ 1 000, ce que Tadfric le paie. Si la valeur totale des montres est la quantité de travail socialement nécessaire pour les produire, combien de valeur l'équipement ajoutera-t-il à ces montres ? *Juste autant de travail abstrait que cet équipement en contient réellement,* ni plus ni moins. Tadfric a payé pour une somme précise de travail abstrait, et ce travail abstrait va dans le produit que Tadfric vend.

La valeur totale des montres est la somme de deux éléments :

Le nombre d'heures de travail moyen passées à produire l'équipement

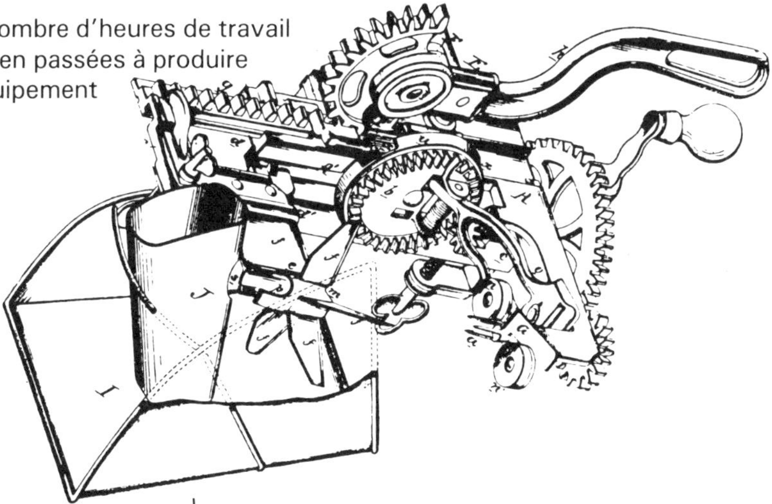

et le nombre d'heures de travail moyen passées à assembler la montre.

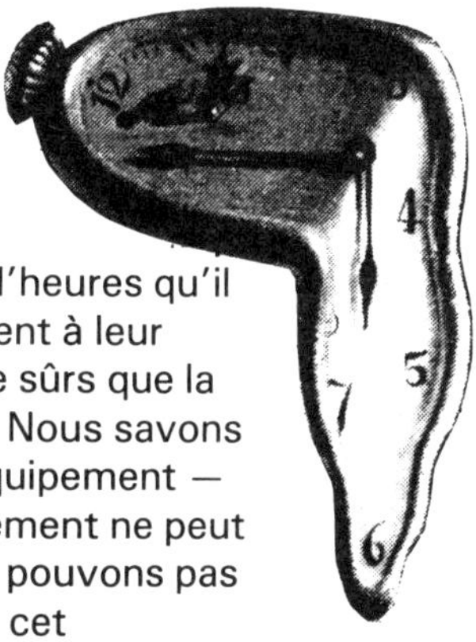

Une fois l'équipement produit, le nombre total d'heures qu'il contient *ne change pas.* Si les montres se vendent à leur valeur, disons $ 5 000, alors nous pouvons être sûrs que la valeur ajoutée par les horlogers est de $ 4 000. Nous savons déjà combien de travail moyen est allé dans l'équipement — l'équivalent de $ 1 000. La valeur de cet équipement ne peut pas augmenter pendant la production ; nous ne pouvons pas prétendre qu'il entre plus de travail moyen dans cet équipement qu'il n'en entre.

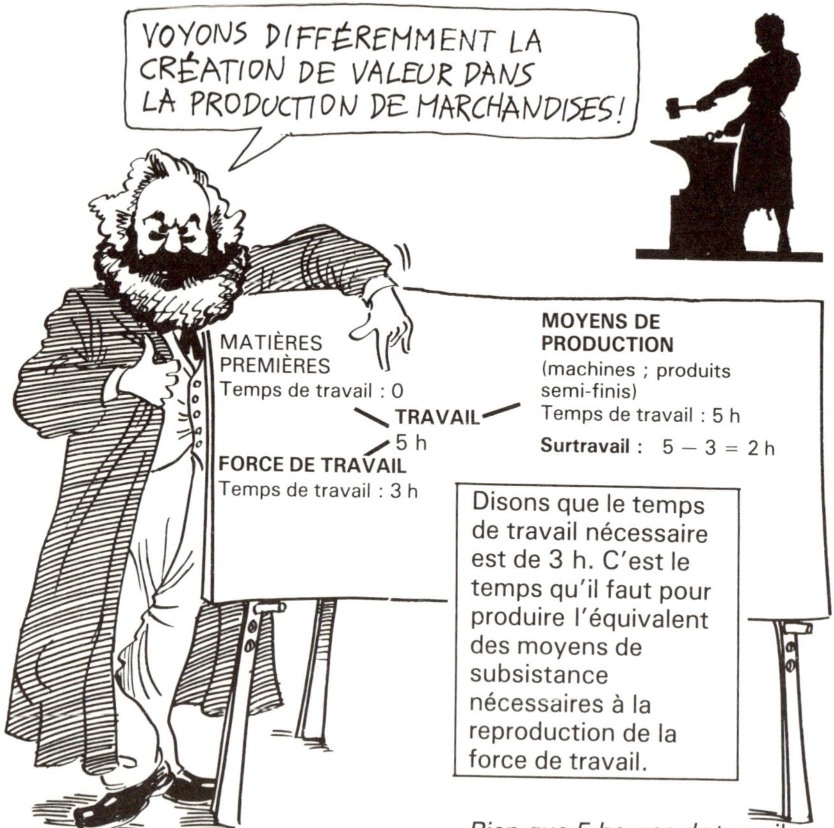

Mettons la force de travail à l'ouvrage sans équipement spécial – rien que la matière première et le savoir-faire – pour produire des *moyens de production,* c'est-à-dire les machines et les produits semi-finis nécessaires pour fabriquer des montres.
Considérons que les matières premières représentent *zéro* temps de travail socialement nécessaire. S'il faut *5 heures* de travail socialement nécessaire pour transformer ces matières réellement « brutes » en machines d'horlogerie et en produits semi-finis, quelle est la *valeur* de cet équipement d'horlogerie ?

Rien que 5 heures de travail socialement nécessaire :
zéro heure de travail pour produire les matières premières
\+
cinq pour transformer les matières premières en équipement.

Puisqu'il faut 3 heures de travail socialement nécessaire pour reproduire la force de travail, le surtravail ici est de 2 heures : différence entre le temps socialement nécessaire pour l'équipement d'horlogerie (5 heures de travail moyen) et le temps nécessaire à la force de travail (3 heures de travail moyen).

– ALLONS UN PEU PLUS LOIN, NOUS VOYONS QUE :

MOYENS DE PRODUCTION
Temps de travail : 5 h

FORCE DE TRAVAIL
Temps de travail : 3 h

TRAVAIL
12 h

MARCHANDISES (MONTRES)
Temps de travail : 17 h

Surtravail :
12 – 3 = 9 h.

S'il faut 5 heures pour produire l'équipement d'horlogerie, puis 12 heures pour utiliser cet équipement à faire des montres, quelle quantité totale de temps de travail socialement nécessaire entre dans ces montres ?

C'est de l'arithmétique simple : 5 + 12 = 17. Exactement 17 heures de travail pour produire et utiliser les moyens de production pour la fabrication de montres pour la vente. Tout le travail socialement nécessaire a été compté. Mais combien de *plus-value* ressort-il de cette fabrication de montres ? Si le temps de travail nécessaire — la valeur de la force de travail — est égal à 3 heures de travail moyen et le temps de travail total — la valeur du produit du travail — est égal à 12 heures de travail moyen, la *différence* est la plus-value : 12 – 3 = 9. Si les horlogers reçoivent l'équivalent (en salaire) de 3 heures de travail, Tadfric extrait ainsi l'équivalent (en argent) de 9 heures de travail. *C'est la plus-value.*

Les moyens de production *ajoutent-ils* à cette plus-value ? Non ! La *valeur* totale du produit comprend indiscutablement le temps de travail socialement nécessaire pour produire les moyens de production. Nous l'avons vu, la valeur totale des montres = 17 heures de travail : 12 d'*utilisation* des moyens de production, plus 5 de *fabrication* des moyens de production. Mais la plus-value ne résulte que de la différence entre la valeur créée et la valeur contenue — et seule la force de travail crée plus de valeur qu'elle n'en contient. Les moyens de production consommés dans la production n'ajoutent que la valeur qu'ils contiennent : ici, 5 heures de travail.

Répétons-le : s'il faut 5 heures de travail pour produire l'équipement d'horlogerie, mais 3 heures seulement pour reproduire la force de travail, il y a plus-value. Mais, encore une fois, la plus-value est créée par l'exercice de la *force de travail,* qui se montre ainsi capable de créer des produits de valeur supérieure à la sienne propre (ici, dans la proportion de 5/3).

16. LE TAUX DE PLUS-VALUE

Dans A-M-A′, le changement fondamental est celui de A en A′. Nous pouvons maintenant donner deux nouvelles équations :

1. Capital = capital constant + capital variable ; disons Capital = c + v
2. Capital′ = capital constant + capital variable + *plus-value,* ou encore Capital′ = c + v + p

c = capital constant

v = capital variable

p = plus-value

La différence entre Capital et Capital′ (ou entre A et A′, si nous choisissons cette expression) est la *plus-value* p.

Puisque v est la source de p, on peut comparer p et v. Le rapport plus-value/capital variable est le *taux de plus-value.* Quand v = 5 et p = 5, $\frac{P}{V} = 1$. Autrement dit, cela représente un taux de plus-value d'exactement 100 %.

LE TAUX DE PROFIT

Le taux de profit est le rapport entre p et l'investissement total, capital constant *et* capital variable, soit $\frac{P}{v + c}$ ou $\frac{P}{\text{capital}}$

Chaque fois que c est plus grand que zéro, le taux de profit est inférieur au taux de plus-value. **Ceci est très important**. Pourquoi ? Parce que cela permet d'expliquer pourquoi le taux de profit tend à baisser ; pourquoi le capitalisme est sujet aux chutes de profit ; pourquoi, en un mot, la crise économique fait partie intégrante de la vie en société capitaliste.

Quand c grandit, le risque de crise aussi !

Nous appelons le rapport du capital constant au capital variable la COMPOSITION ORGANIQUE DU CAPITAL. Quand c s'élève par rapport à v, nous disons que la composition organique du capital *s'élève.* En d'autres termes, plus on emploie de moyens de production par rapport à la force de travail, plus la composition organique du capital est élevée.

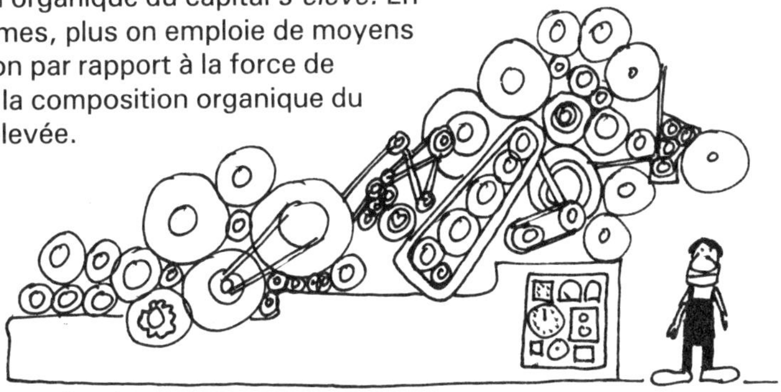

COMPOSITION ORGANIQUE DU CAPITAL ÉLEVÉE.

FAIBLE COMPOSITION ORGANIQUE DU CAPITAL.

Comme chacun sait, la production capitaliste tend à s'appuyer toujours plus sur des moyens de production de plus en plus puissants. Chaque jour, la haute technologie progresse, des machines plus puissantes entrent dans la production, et la productivité s'élève. Des simples outils — broches, métiers, marteaux, enclumes — la production passe aux centrales nucléaires, aux usines automatisées, aux ordinateurs perfectionnés et bien d'autres choses encore.

Historiquement, la raison la plus importante de l'essor rapide des moyens de production capitalistes est la *concurrence.* Quand Tadfric décide d'acheter de la force de travail et des moyens de production pour produire des montres, il s'embarque dans une aventure risquée. D'autres fabriquent des montres, et le marché n'est pas illimité. Qui peut vendre des montres ? Combien peut-on en vendre ? A quel prix ?

Si Tadfric a de la chance, c'est lui et non un concurrent qui aura une bonne part du marché. Mais, pour cela, Tadfric doit vendre son produit le moins cher possible. A moins d'être prêt à vendre des produits au-dessous de leur valeur (ce qui arrive parfois, mais c'est l'exception, pas la règle), il va devoir réduire le temps de travail socialement nécessaire pour la production de montres. S'il faut au départ 20 heures de temps de travail moyen pour faire une montre, Tadfric doit trouver une manière de produire une montre en *moins* de 20 heures.

A ce moment-là, il peut vendre moins cher sans perdre de plus-value et élargir son marché. Si son concurrent, Lacaisse, trouve le moyen de baisser les prix en réduisant le temps de travail, Tadfric doit suivre sous peine de se retirer des affaires quand Lacaisse « accaparera » le marché.

Pour résumer cette sombre histoire, disons que la concurrence force le capital à utiliser de moins en moins de temps de travail par marchandise. D'abord, Tadfric réduit le temps nécessaire pour produire une montre de 20 heures à 18. Ensuite, Lacaisse le réduit à son tour davantage. Et ainsi de suite. Baisser les prix, nous le verrons, c'est faire tomber des têtes, éliminer des concurrents. Et c'est encore plus vrai pour des produits plus importants.

COMMENT RÉDUIT-ON LE TEMPS DE TRAVAIL MOYEN?
FACILE FRED! EN AUGMENTANT LA PUISSANCE DES MOYENS DE PRODUCTION. LE TEMPS PASSÉ À PRODUIRE UN OUTIL EST GÉNÉRALEMENT BIEN MOINDRE QUE LE TEMPS QU'ÉCONOMISE L'OUTIL. AUTREMENT POURQUOI LE PRODUIRE?
MÊME SI L'INSTRUMENT LUI-MÊME EXIGE ÉNORMÉMENT DE TEMPS ET D'ÉNERGIE-TEL QU'UNE RAFFINERIE DE PÉTROLE-IL ÉCONOMISE ÉNORMÉMENT PLUS DE TEMPS ET D'ÉNERGIE. S'IL FAUT 70 HEURES DE PLUS POUR FAIRE UNE MACHINE A ÉCRIRE ÉLECTRIQUE À CORRECTION AUTOMATIQUE, LE TEMPS GAGNÉ ENSUITE SUR LA CORRECTION DE MILLIERS DE PAGES SERA ÉNORME!
(VOTRE AUTEUR) SANS BLAGUE!

La règle d'or de la concurrence pour le profit est de produire *plus*, moins cher — réduire les coûts en réduisant le temps de travail moyen nécessaire à la production. Comment ? En augmentant la puissance des moyens de production.

C'est une règle simple, mais aux conséquences bouleversantes. La productivité, révolutionnée, monte en flèche. Le monde s'emplit de marchandises et le danger de crise économique approche. Où est le lien ? Simple : *p dérive du capital variable v, pas du capital constant c.* Si la concurrence force le capital à employer une proportion plus grande de capital constant — ce qui est d'évidence le cas — alors le taux de profit $\frac{p}{v+c}$ tend à baisser.

Quand on dépense plus en moyens de production qu'en force de travail, le taux de profit tend à décliner. Supposons que c = 16, v = 8 et p = 8 (ce qui donne un taux de plus-value $\frac{p}{v}$ de 100 %).

Si c s'élève sans que v et p s'élèvent en proportion, le taux de profit se réduit (même si le taux de plus-value ne se réduit pas). Si c s'élève à 24, alors

$$\frac{p}{v+c} \text{ passe de } \frac{8}{8+16} = \frac{1}{3} \text{ à } \frac{8}{8+24} = \frac{1}{4}.$$

Du point de vue du capitaliste, c'est une chute alarmante.

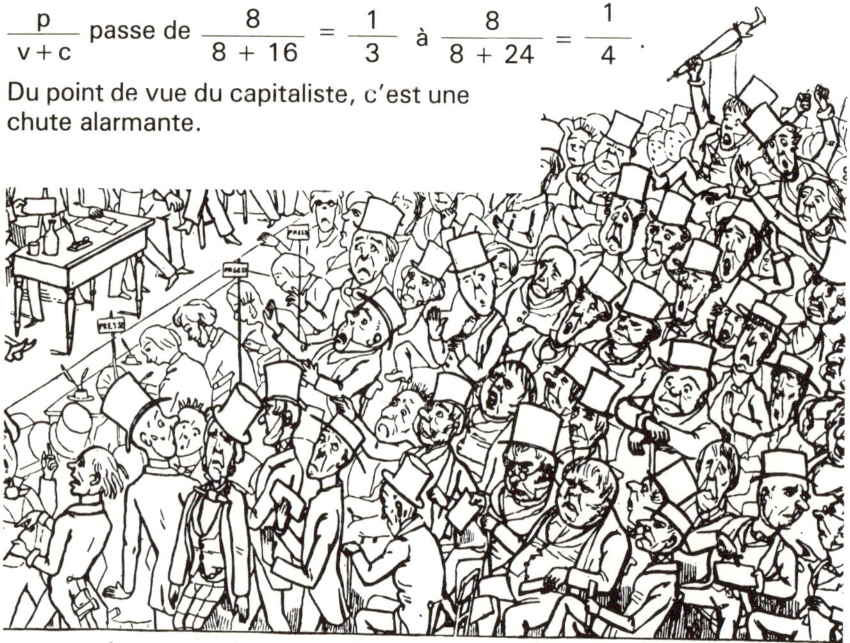

ÉMOTION DANS L'ASSEMBLÉE DES ACTIONNAIRES DES CHEMINS DE FER À L'ANNONCE D'UN DIVIDENDE DE 2,50 F.

Produire pour l'échange est risqué. Le produit peut ne pas se vendre, soit à cause de la concurrence, soit pour d'autres raisons.

Pour que le jeu de l'investissement vaille la peine, il faut une perspective minimum de gain. Si le taux de profit tombe trop bas, l'investissement cesse d'être une utilisation sage de l'argent, le risque est trop grand, les chances de gain sont trop faibles.

C'est d'autant plus vrai lorsque l'investissement se chiffre en un nombre de plus en plus grand de milliards, tendance parallèle à la tendance qu'a la composition oraganique du capital à s'élever et celle du taux de profit à baisser.

Ce n'est pas seulement une hypothèse. D'innombrables faits de l'histoire économique confirment que le taux de profit a tendance à baisser. Cependant, cette tendance n'est pas *absolue,* il y a aussi des *tendances contraires.* Mais comment ne pas remarquer la compression du profit dans le monde ?

HISTORIQUEMENT PARLANT, NOUS SAVONS QUE C S'ÉLÈVE PLUS VITE QUE V. CHAQUE ANNÉE, ON EMPLOIE DAVANTAGE DE MOYENS DE PRODUCTION PAR UNITÉ DE FORCE DE TRAVAIL. BIEN QUE LE NOMBRE TOTAL DE TRAVAILLEURS S'ÉLÈVE AUSSI, DANS LE MONDE ENTIER, CELA SE PASSE À UN RYTHME PLUS LENT QUE CELUI AUQUEL GRANDIT LA MASSE TOTALE DES MOYENS DE PRODUCTION. EN GÉNÉRAL, LE RÉSULTAT EST QUE P/V+C DÉCLINE AVEC LE TEMPS. LE TAUX DE PROFIT BAISSE.

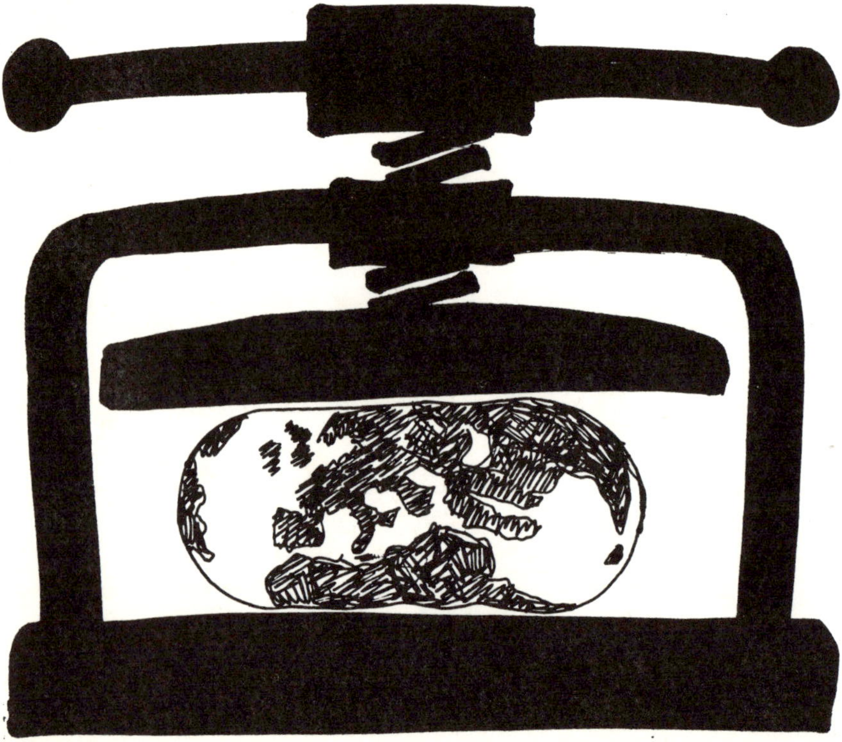

La compression des profits a mené précédemment à des guerres économiques culminant souvent dans des guerres armées. Car la concurrence ne mène pas qu'à des rivalités acharnées entre Tadfric et Lacaisse sur les prix et les marchés, mais aussi à des affaires meurtrières.

La guerre est le moyen décisif pour s'assurer l'avantage économique en laissant les concurrents subir toutes les pertes possibles pendant qu'on saisit directement ressources et marchés sans recourir à l'étiquette de l'échange poli. Pour le vainqueur, c'est un excellent moyen d'éviter la chute des profits.

En obligeant l'ouvrier à travailler plus longtemps, Tadfric impose un accroissement absolu de la plus-value. C'est une joie sans mélange pour le capitaliste : il obtient quelque chose pour rien. Pour l'ouvrier, l'obligation de fournir absolument davantage de surtravail est tout autre chose : c'est un voyage dans l'enfer du surmenage. Si les relations antagonistes entre capital et travail tournent si constamment autour de la longueur de la journée de travail, ce n'est pas accidentel. Depuis les lois du XIVe siècle, le capital s'est toujours battu durement pour maintenir l'ouvrier au travail le plus possible.

UNE MONTAGNE DE BILLES DE BILLARD: LES DÉFENSES DE 2000 ÉLÉPHANTS

A l'époque glorieuse et brutale des débuts du capitalisme anglais, quand le capital était organisé et que les travailleurs ne l'étaient pas, des milliers d'enfants de 7 à 12 ans sont littéralement morts de travail, obligés de travailler avant le lever du soleil jusqu'à minuit ou plus. Le capital affamé de travail a tué d'innombrables travailleurs.

Même dans les cas inhabituels où des limitations étaient imposées, il était légal et « respectable » de faire travailler des enfants de 5 h 30 à 20 h. **Le plus souvent,** il n'y avait pas de limitations du tout, rien que le tourment incessant d'un travail dur dans des fabriques ou des mines sales, étouffantes, sans lumière.

Des foules d'enfants et de femmes ont péri épuisés après avoir vécu des vies terribles. Toujours sans un sou, même lorsqu'ils travaillaient, les ouvriers de ces « sombres moulins sataniques », comme disait le poète William Blake, étaient estropiés et mutilés de mille façons. Il n'y avait aucune vie de famille : pères, mères et enfants étaient enchaînés aux machines...

Certaines tendances contraires à la tendance du taux de profit à baisser sont très importantes, non seulement en tant que telles, mais en elles-mêmes. Ces tendances contraires tournent autour de v (capital variable) et p (surplus de capital). Si c s'élève, qu'est-ce qui peut maintenir ou améliorer le taux de profit ? Une augmentation comparable de p ou une diminution de v ? Voyons les deux cas.

Si le travail nécessaire reste de 4 heures et si le nombre de travailleurs reste constant, on peut obtenir une plus-value supplémentaire en prolongeant la journée de travail. Une journée de travail de 8 heures produit 4 heures de surtravail non payé, mais une journée de travail de 10 heures en produira 6 et une journée de 12 heures doublera la plus-value initiale. Sans que ni v, ni la valeur de la force de travail, ni le nombre total des travailleurs ne changent, p augmente.

Nous appelons cela l'extraction de la PLUS-VALUE ABSOLUE.

La seule force capable de limiter l'effort du capital pour faire de chaque heure de veille une heure de travail a été le prolétariat lui-même. En luttant implacablement contre des forces apparemment supérieures, contre des adversaires avides et satisfaits défendus par la force armée de l'État, les travailleurs se sont organisés pour réduire la journée de travail à des proportions plus acceptables. Des batailles intenses et compliquées s'ensuivirent. Les travailleurs organisés finirent par s'imposer au capital en réduisant la journée de travail. Tadfric et les siens s'inclinèrent dépités, forcés d'avaler la potion amère d'une journée de travail d'abord de 10 heures, plus tard de 8 heures.

Le capital déplore ce malheur et résiste de toutes ses forces contre la réduction de la journée de travail, cherchant encore à renverser les acquis des travailleurs et à découvrir ailleurs dans le monde des endroits où des travailleurs moins organisés peuvent être tenus à des journées de 16 ou 18 heures. Dans beaucoup de pays où l'industrialisation et la création d'un prolétariat sont encore récentes, le capital y parvient. Pensez seulement à Taiwan, la Corée, le Brésil, l'Inde, l'Afrique du Sud...

Ainsi la bataille sur la *plus-value absolue* continue. P monte et descend selon les époques et les différents lieux du monde, suivant l'équilibre des forces entre le capital et le travail. Ici, les travailleurs font baisser la plus-value ; là, les capitalistes la font remonter.

Pendant ce temps, la bataille autour de la plus-value se livre sur d'autres fronts. Supposons que les travailleurs soient forcés de travailler *plus vite.* Si la valeur de la force de travail ne varie pas, il faut désormais moins d'heures de travail pour produire des marchandises égales en valeur à la valeur de la force de travail.

En travaillant plus vite, l'ouvrier harassé produit en 3 heures ce qui avant demandait 4 heures. Là où 4 heures comprenaient le temps de travail nécessaire, il suffit de 3 heures. Même sans prolonger la journée de travail, le capital peut ainsi extraire davantage de plus-value. Une heure de plus de surtravail est extraite... et *chaque* heure de surtravail est maintenant égale à 4/3 d'une heure de travail d'*avant* l'accélération du travail. Si nous considérons que précédemment le travail était socialement moyen, le nouveau travail, plus rapide, est d'une intensité *au-dessus de la moyenne* et représente *plus* d'heures de travail *moyen* qu'avant.

Supposons maintenant que la *valeur de la force de travail* tombe. C'est ce qui se passe chaque fois que le temps de travail socialement nécessaire pour produire les moyens de subsistance tombe. En élevant la productivité dans l'industrie alimentaire, la construction et les industries annexes, les denrées alimentaires et autres produits de base peuvent être vendus moins cher.

Quand cela arrive, la valeur de la force de travail — soit, en gros, le coût de reproduction de la force de travail par l'achat des subsistances — tombe aussi. Par conséquent, il faut maintenant *moins* d'heures de travail pour produire des marchandises de valeur égale à celle de la force de travail, puisque cette valeur est *tombée.*

En réduisant la part de la journée de travail consacrée au travail nécessaire par l'un de ces deux moyens — accélération ou réduction de la valeur de la force de travail —, le capital extrait ce que nous appelons la PLUS-VALUE RELATIVE. Sans prolonger absolument la journée de travail, le capital parvient néanmoins à s'accroître en libérant *relativement* plus de temps de travail pour du surtravail non payé.

De nouveau p s'élève, contrariant la tendance du taux de profit à baisser. Et de nouveau la classe ouvrière doit se défendre.

Seule l'action des travailleurs organisés peut empêcher l'accélération d'atteindre un rythme mortel, comme le montre l'expérience du XIXe siècle. Un peu partout, Tadfric, Lacaisse et leurs collègues sanguinaires essaient d'accélérer toujours plus le travail, notamment en accélérant malicieusement les machines jusqu'à ce que les ouvriers calent. Ou bien ils utilisent la ruse du « management scientifique » en appelant des « experts » avec des chronomètres (à la Frederick Winslow Taylor) pour réduire les « mouvements inutiles » et parvenir à une plus haute productivité.

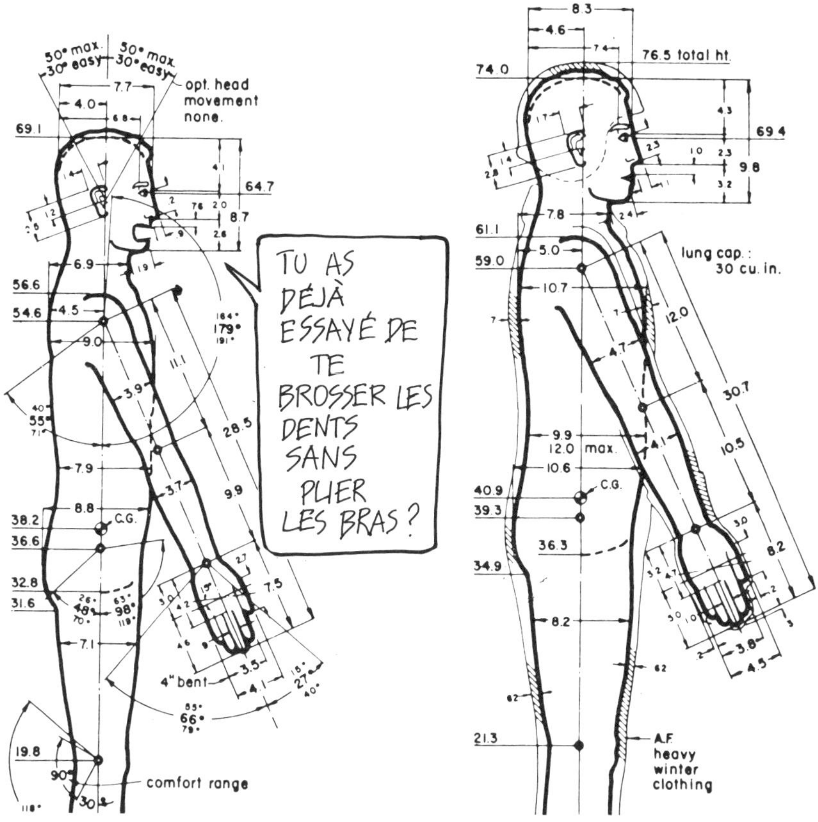

Ou encore on utilise la psychologie : « De quelle couleur faut-il peindre l'usine, quelle musique faut-il jouer pour que les ouvriers travaillent plus ? » Ou encore on emploie la contrainte ; on engage des contremaîtres brutaux et des cadres sournois.

Là où les travailleurs sont organisés, ils ont pris des mesures décisives pour combattre l'accélération. Là où ils restent faibles, le capital est ravi de les presser autant et aussi longtemps qu'il peut. Tant que les travailleurs ne seront pas forts partout, le capital traquera les secteurs inorganisés du prolétariat mondial pour les exploiter plus impitoyablement que les travailleurs organisés ne l'acceptent.

Actuellement, avec l'accroissement rapide de la classe ouvrière dans le monde, le capital a plusieurs choix. Dans beaucoup d'endroits, on peut forcer, absolument et relativement, le travail à fournir de plus en plus de plus-value extra, ce qui contrarie carrément la tendance du taux de profit à chuter. Comme, par ailleurs, v peut être abaissé par la réduction de la force de travail ou par la réduction des salaires, nous commençons à deviner les possibilités ouvertes au capital pour éviter les crises qui menacent lorsque c s'accroît.

17. FORCE DE TRAVAIL ET LUTTE DE CLASSES

Parler de la valeur de la force de travail soulève plusieurs questions. D'abord, comment pouvons-nous dire quel temps de travail est « socialement nécessaire » pour reproduire la force de travail ?

Il est clair que la plupart des travailleurs ne vivent pas au niveau de subsistance élémentaire qu'exige la simple survie biologique, mais à un niveau de subsistance défini *socialement.* Ce dont les travailleurs ont besoin n'est pas seulement déterminé par la nature, mais par les habitudes sociales. Il y a dans la définition de la valeur de la force de travail un élément historique, social et moral.

L'antagonisme entre capital et travail s'exprime donc fondamentalement dans le conflit sur ce qu'exigent les travailleurs. Là où la classe ouvrière est forte, les travailleurs peuvent imposer un niveau de vie relativement plus élevé — une valeur de la force de travail relativement plus élevée — que là où elle est faible.

Cela révèle plusieurs données de base. D'une part, en nous rappelant une réalité : c'est que la valeur n'est pas *naturelle,* mais *sociale...* On traite un produit du travail comme une marchandise en rendant le travail qui entre dans la marchandise « social, général et abstrait ».

La nature sociale de la valeur n'est jamais aussi frappante que dans le cas de la valeur de la force de travail. Bien qu'il soit généralement admis que les travailleurs doivent recevoir un « minimum vital »... « assez pour vivre décemment »... « assez pour être à l'abri du besoin »... *en d'autres termes, assez pour acheter les moyens de subsistance afin que la force de travail puisse se reproduire,* il n'y a pas d'accord sur le montant d'un minimum vital. C'est une question d'opinion et un objet de luttes !

Pour Tadfric, le « minimum vital » est toujours inférieur à ce que veulent les travailleurs. Si rien ne s'y oppose, Tadfric réduira allégrement les salaires au niveau de la simple subsistance et même plus bas, comptant sur les deniers publics pour « compenser la différence » (utilisant les impôts recouvrés dans les secteurs mieux payés de la classe ouvrière pour financer des allocations). Pour les travailleurs, la seule façon de contrarier les efforts du capital pour les appauvrir est de s'organiser, de neutraliser Tadfric et d'imposer des salaires plus élevés.

La valeur réelle de la force de travail varie selon les changements de rapports de force entre les classes opposées, comme une aiguille de boussole. Quand Tadfric, Lacaisse et Cie ont l'avantage, les salaires baissent. Quand les travailleurs s'unissent pour se défendre — dans les syndicats et les partis politiques, par exemple —, ils acquièrent la force de riposter. Avec des organisations ouvrières fortes, les travailleurs deviennent capables de combattre efficacement le capital en résistant aux réductions de salaires, souvent en obtenant des augmentations.

A tout moment, le niveau des salaires reflète l'équilibre des forces entre le capital et le travail.

LA FIXATION DE CE NIVEAU RÉEL NE S'OBTIENT QUE PAR LA LUTTE PERMANENTE ENTRE CAPITAL ET TRAVAILLEURS. LE CAPITALISTE TEND CONSTAMMENT À RÉDUIRE LES SALAIRES À LEUR MINIMUM PHYSIQUE, TANDIS QUE LES TRAVAILLEURS TIRENT CONTINUELLEMENT DANS LE SENS OPPOSÉ:
LA QUESTION SE RÉDUIT À UN RAPPORT DE FORCES ENTRE LES COMBATTANTS.

Quand les travailleurs sont assez puissants pour se faire craindre du capital, ils font monter les salaires. Mais le capital est plein de ressources. Rusé comme un renard, sans pitié, le cœur dans le porte-monnaie (étrange personnage), Tadfric a recours à plusieurs stratagèmes. Forcé d'un côté à payer de plus hauts salaires, il investira ailleurs dans de la « main-d'œuvre bon marché », c'est-à-dire de la force de travail exigeant moins de travail social général pour sa reproduction que celle des travailleurs mieux payés.

Si, dans un endroit du monde, les travailleurs acceptent un « niveau de vie » plus bas que celui des travailleurs d'ailleurs, le niveau le plus élevé peut être directement menacé... Tadfric emploiera simplement la force de travail moins chère, forçant les travailleurs mieux payés à modérer leurs revendications (s'ils veulent garder leur emploi).

Cela n'est qu'un exemple de concurrence entre travailleurs... une concurrence entre vendeurs de force de travail qui, comme tous les vendeurs, doivent pratiquer des prix « compétitifs » s'ils veulent vendre.

Parfois, les capitalistes consentent des salaires relativement élevés : pour encourager la loyauté des travailleurs là où les profits sont élevés, pour diviser les travailleurs mieux payés et les autres ou pour employer des travailleurs qualifiés. Mais ça n'est jamais altruiste. *Tadfric veut de la plus-value,* et la plus-value est la différence entre la valeur de la force de travail — représentée par les salaires — et la valeur du produit du travail représentée par le prix. Toutes choses égales d'ailleurs, plus les salaires sont bas, plus les profits sont grands. Tadfric veut des bas salaires !

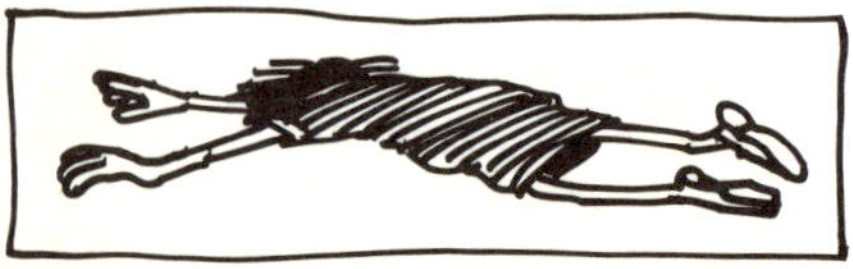

La concurrence entre les travailleurs est exploitée à fond. C'est en fait un élément essentiel de la division du prolétariat mondial. Le capital joue sur les deux tableaux : quand, par exemple, les travailleurs des USA obtiennent des salaires relativement élevés, leurs employeurs font leur possible pour saper ces salaires ; notamment ils opposent les travailleurs bien payés des USA au travail étranger « bon marché » et cherchent à réduire les salaires en investissant à l'étranger. En même temps, à grands coups de trompette de politiciens véreux, ils exigent la loyauté de leurs travailleurs « à Dieu et au pays ». Leur argument ? Les travailleurs des USA sont plus riches qu'ailleurs !

LONDRES : DES TRAVAILLEURS TEMPORAIRES DE LA RESTAURATION, DONT BEAUCOUP D'ÉTRANGERS, DORMENT DANS DES CAISSES EN CARTON AU BUREAU D'EMBAUCHE.

Tadfric est trop heureux de profiter de tout... d'abaisser les *salaires* aux USA en employant une force de travail moins chère disponible ailleurs, tout en mobilisant les *travailleurs* américains pour se battre dans des guerres et des « actions de police » destinées à écraser les révoltes des étrangers pauvres.

Les travailleurs des grandes puissances, ordinairement mieux payés, tiennent à leur richesse relative. Ils craignent la réduction de la valeur de leur force de travail que la concurrence de travailleurs étrangers plus pauvres menace. Désireux de préserver leurs gains durement acquis — et avec raison ! —, les travailleurs mieux payés s'attaquent trop souvent non pas à Tadfric et à ses amis capitalistes — l'ennemi —, mais aux travailleurs mal payés d'autres pays, considérés comme des concurrents.

Cela donne à Tadfric le meilleur des deux mondes : répression *militaire* des mal payés et emprise *économique* sur les mieux payés.

C'est d'autant plus déplorable que seule l'alliance des travailleurs de tous les pays peut mettre fin au capitalisme pillard en réaffirmant les qualités et les besoins humains que le capital déforme et aliène.

MINEURS SUD-AFRICAINS.

Ainsi se pose la question de l'impérialisme. Pour diverses raisons, les capitalistes d'un pays trouvent avantageux d'investir dans d'autres pays généralement plus pauvres. Ils y trouvent de nouveaux marchés, des possibilités d'investissement, une main-d'œuvre et des ressources bon marché, sans parler de leur ambition politique et militaire. Quand ces intérêts sont menacés par l'organisation et la lutte des pauvres et des opprimés dans ces pays,

Tadfric fait appel aux pauvres et aux opprimés de sa propre patrie pour combattre l'insurrection. Représentant la réserve principale de soldats mobilisables pour les armées impérialistes, les travailleurs des puissances impérialistes sont ainsi doublement importants pour le capital. Il faut cultiver la peur et l'aversion vis-à-vis des étrangers pauvres. Cette peur et cette aversion, bien que largement psychologiques dans leur origine et leurs effets, ont aussi une base matérielle : la concurrence entre travailleurs.

18. L'ABOLITION DU SALARIAT

Jusqu'ici, nous n'avons parlé que de la force de travail en tant que marchandise qui s'achète et se vend, devenant travail aliéné lorsqu'elle dépend de la volonté étrangère du capitaliste orientée vers le profit. Nous avons vu que la valeur de cette marchandise extraordinaire, la force de travail, est un objet d'intérêt permanent pour le capital et les travailleurs, car les capitalistes font tout pour dévaluer la force de travail, tandis que les travailleurs essaient d'en augmenter la valeur.

On ne saisit pas toujours non plus la réponse définitive à cette question. Que les travailleurs peuvent chercher non seulement à élever la valeur de la force de travail, mais à abolir son statut de valeur. La capacité de travailler *n'a pas* à être une marchandise avec une valeur d'échange, vendue pour un salaire. Les travailleurs réels — la force de travail vivante — peuvent plutôt s'unir pour une production coopérative et démocratique, sans discrimination de sexe ni de pays, une *production pour l'usage partagé.* Ce serait le communisme, au sens authentique du terme : des travailleurs ordinaires qui contrôlent démocratiquement à la fois la production et le reste de la vie sociale, qui produisent pour l'usage, non pour l'échange et le profit.

La liberté et le pouvoir des travailleurs seraient la marque de la société communiste — une société sans patrons d'aucune sorte.

QUE LES TRAVAILLEURS AIENT GARDE DE SE LAISSER PRENDRE TOUT ENTIERS À CES ESCARMOUCHES INÉVITABLES QUE PROVOQUENT CHAQUE NOUVEL EMPIÉTEMENT DU CAPITAL, CHAQUE VARIATION DU MARCHÉ. ILS DOIVENT COMPRENDRE QUE LE SYSTÈME PRÉSENT, AVEC TOUTES LES MISÈRES QU'IL LEUR INFLIGE, ENGENDRE DANS LE MÊME TEMPS LES CONDITIONS MATÉRIELLES ET LES FORCES SOCIALES NÉCESSAIRES POUR RECONSTRUIRE L'ÉCONOMIE ET LA SOCIÉTÉ. SUR LEUR BANNIÈRE, IL LEUR FAUT EFFACER CETTE DEVISE CONSERVATRICE : "UN SALAIRE ÉQUITABLE POUR UNE JOURNÉE DE TRAVAIL ÉQUITABLE", ET INSCRIRE LE MOT D'ORDRE RÉVOLUTIONNAIRE...

ABOLITION DU SALARIAT
1er MAI DES TRAVAILLEURS 1891

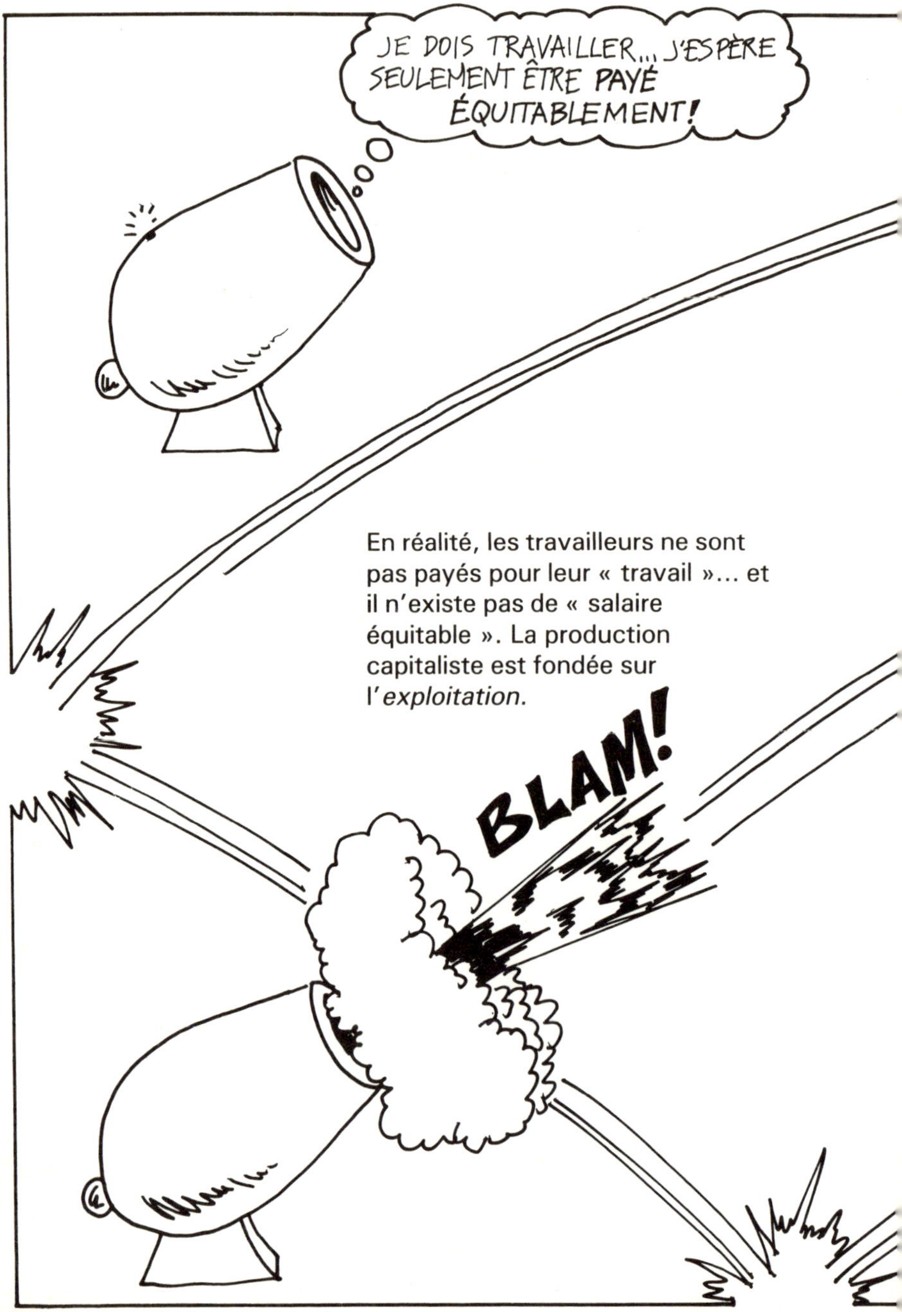
JE DOIS TRAVAILLER... J'ESPÈRE SEULEMENT ÊTRE PAYÉ ÉQUITABLEMENT!
En réalité, les travailleurs ne sont pas payés pour leur « travail »... et il n'existe pas de « salaire équitable ». La production capitaliste est fondée sur l'*exploitation*.
BLAM!

Une fois la force de travail vendue, le capitaliste s'en sert à sa guise. Les travailleurs sont payés non pour leur propre travail, utile ou « socialement moyen », mais pour le temps de travail moyen nécessaire pour *reproduire la force de travail.*

Ce paiement est équivalent en valeur à une partie seulement du travail moyen effectué par le travailleur. Au-delà, c'est du *surtravail non payé.*

Les travailleurs s'en rendent rarement compte. On croit communément que ceux qui travaillent sont payés pour *tout* leur travail... et donc que les profits ne résultent pas de l'exploitation du travail.

HUIT
ALORS POURQUOI LE PROLÉTARIAT NE DEMANDE-T-IL SI SOUVENT QUE DES SALAIRES PLUS ÉLEVÉS ET DES RÉFORMETTES, ALORS QUE LE SALARIAT LUI-MÊME POURRAIT ÊTRE ABOLI ?
EN PARTIE PARCE QUE LES RAPPORTS DE SALAIRE EUX-MÊMES MASQUENT L'EXPLOITATION EN FAISANT PARAÎTRE NÉCESSAIRE LA VENTE DE LA FORCE DE TRAVAIL CONTRE UN SALAIRE ET QU'UN "SALAIRE ÉQUITABLE" PARAÎT POSSIBLE. LA TENDANCE PRÉDOMINANTE CHEZ LES TRAVAILLEURS EST DE PENSER QU'ILS SONT PAYÉS POUR LEUR "TRAVAIL", NON POUR LEUR FORCE DE TRAVAIL, ET QU'ILS NE PEUVENT ESPÉRER QU'UN SALAIRE JOURNALIER ÉQUITABLE.

« Le salariat efface ainsi toute trace de la division de la journée de travail entre travail nécessaire et surtravail, entre travail payé et non payé. Tout le travail apparaît comme du travail payé. »

TRAVAIL FÉODAL

Dans le système féodal de la corvée, c'est différent. Là, le travail du serf pour lui-même et son travail obligatoire pour le maître de la terre sont nettement séparés dans l'espace et dans le temps.

ESCLAVAGE

Dans l'esclavage, même la partie de la journée de travail où l'esclave remplace seulement la valeur de ses moyens de subsistance, où par conséquent il travaille réellement pour lui-même, apparaît comme du travail pour son maître. Tout son travail apparaît comme non payé.

TRAVAIL SALARIÉ

Dans le travail salarié, au contraire, même le surtravail, ou travail non payé, apparaît comme payé.

L'échange entre le capital et le travail ressemble à la vente d'une marchandise. La vente elle-même paraît prédéterminée. Après tout, pense le travailleur,

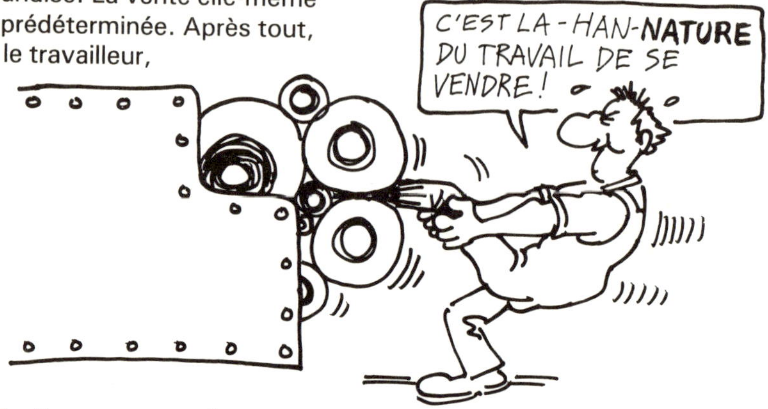

elle attire l'argent naturellement et inévitablement. La vente de la force de travail entraînant l'aliénation du travail semble une donnée naturelle échappant à l'intervention humaine. Et ce qui semble se vendre, ce n'est pas la force de travail, mais le travail.

Le fétichisme — la croyance que le statut de marchandise de la force de travail est une donnée immuable — est ainsi couplé avec une mauvaise perception de la marchandise elle-même qui déguise la réalité de l'exploitation.

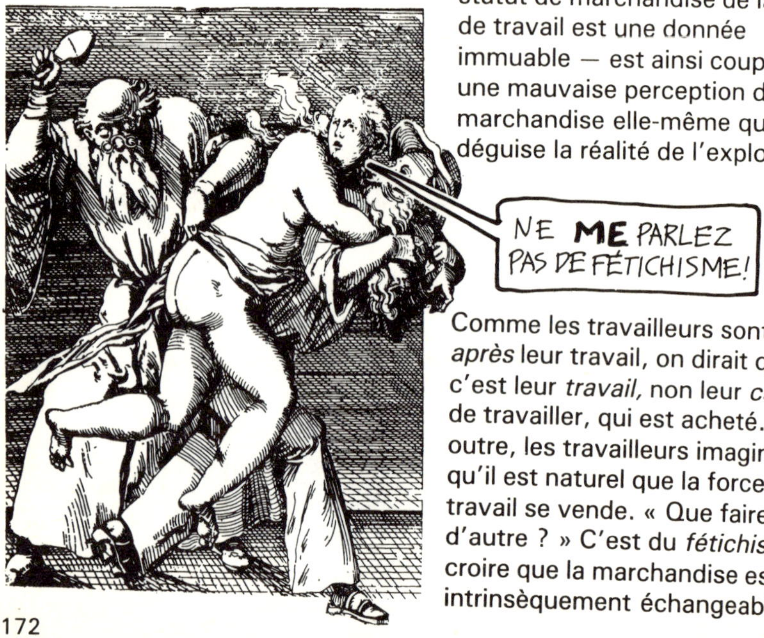

Comme les travailleurs sont payés *après* leur travail, on dirait que c'est leur *travail,* non leur *capacité* de travailler, qui est acheté. En outre, les travailleurs imaginent qu'il est naturel que la force de travail se vende. « Que faire d'autre ? » C'est du *fétichisme :* croire que la marchandise est intrinsèquement échangeable.

Comme toutes les autres marchandises, le « travail » semble avoir une certaine valeur d'échange naturelle, un prix naturel. D'où la croyance répandue en ce fantôme : « un salaire équitable pour un travail équitable ». La vérité est qu'on trouve plus facilement des licornes ou des dragons, des griffons, des lutins que des sociétés au grand cœur et des politiciens honnêtes.

Mais on ne s'en rend généralement pas compte. En croyant que le travail *doit* se vendre comme une marchandise parce que c'est sa *nature,* les travailleurs n'espèrent rien de plus qu'un salaire équitable. Ils prennent ainsi l'exploitation pour la nature et ne voient pas de possibilité de liberté et de pouvoir réels non aliénés.

« Toutes les notions de justice défendues par le travailleur et le capitaliste, toute la mystification du mode de production capitaliste, toutes les illusions du capitalisme sur la liberté, toutes les ruses de défense de l'économie vulgaire reposent sur l'apparence que le salaire est ''naturel'' et virtuellement ''équitable''. »

Il ne l'est pas et ne peut pas l'être. Il n'est pas « naturel » que les travailleurs soient séparés des moyens de production. C'est, nous l'avons vu, le résultat d'une histoire dramatique et sanglante, celle de l'*expropriation.* La force de travail n'est vendue au capital que parce que le capital possède le monopole des moyens de production. Les prétendus « travailleurs libres » — qui sont surtout libres d'aliéner leur travail pour le privilège d'être exploités — connaissent une parodie de liberté.

La classe ouvirère doit s'organiser pour le renversement révolutionnaire du capitalisme, pour la fin de la production marchande, pour la défaite de l'impérialisme et de l'État capitaliste, pour la création d'un système nouveau et réellement libre.

Sans le capital — sans patrons que la possession de l'argent autorise à acheter et contrôler la force de travail —, les travailleurs pourraient être vraiment libres. Il serait de nouveau possible d'associer organiquement, directement, force de travail et moyens de production. Il n'y aurait de vente ni de force de travail ni de moyens de production.

La démocratie *entre* travailleurs deviendrait possible, plutôt que la tyrannie du capital *sur* les travailleurs. La force de travail collective — l'union des travailleurs — s'associerait librement pour le contrôle coopératif des moyens de production.

On peut tirer quelques leçons sur la signification possible et la vraisemblance de la révolution socialiste en considérant de nouveau la Commune de Paris, prototype de gouvernement prolétarien.

Bien que la lutte révolutionnaire soit extrêmement difficile — n'oubliez pas que la Commune de Paris a été vaincue et qu'un siècle plus tard la France reste capitaliste —, les possibilités n'en sont pas moins immenses. Durant le siècle dernier, la politique révolutionnaire s'est répandue parmi les travailleurs du monde entier. En France, par exemple, des millions de travailleurs se considèrent comme socialistes, ennemis de l'exploitation. C'est également vrai de beaucoup d'autres pays. Même là où la conscience de classe est peu développée, elle est potentiellement forte.

Les partis ouvriers et les syndicats sont nécessaires aux travailleurs pour agir de concert, soit pour leur défense, soit pour leur émancipation. Personne ne peut « donner » le socialisme à la classe ouvrière. Le socialisme ne peut pas signifier l'idée d'un « nouveau patron, pareil à l'ancien ». Comme l'a observé **Rosa Luxemburg**, le socialisme n'est pas un cadeau de Noël pour les notables qui s'accommodent d'une dictature *sur* les travailleurs au nom des travailleurs. Le socialisme doit être *l'auto-émancipation* des travailleurs : la conquête du pouvoir *pour* les travailleurs par les travailleurs, au moyen du développement et de L'EXERCICE du pouvoir de la classe ouvrière.

Si le prolétariat n'est pas uni, actif et résolu, il sera incapable de briser le joug du capital. On ne peut trouver de « mandataire » du prolétariat. Si l'exploitation doit cesser, c'est aux exploités d'y mettre fin. Politiquement organisés — dans des partis révolutionnaires et des conseils locaux ou d'entreprise — les travailleurs doivent prendre leur destin en main.

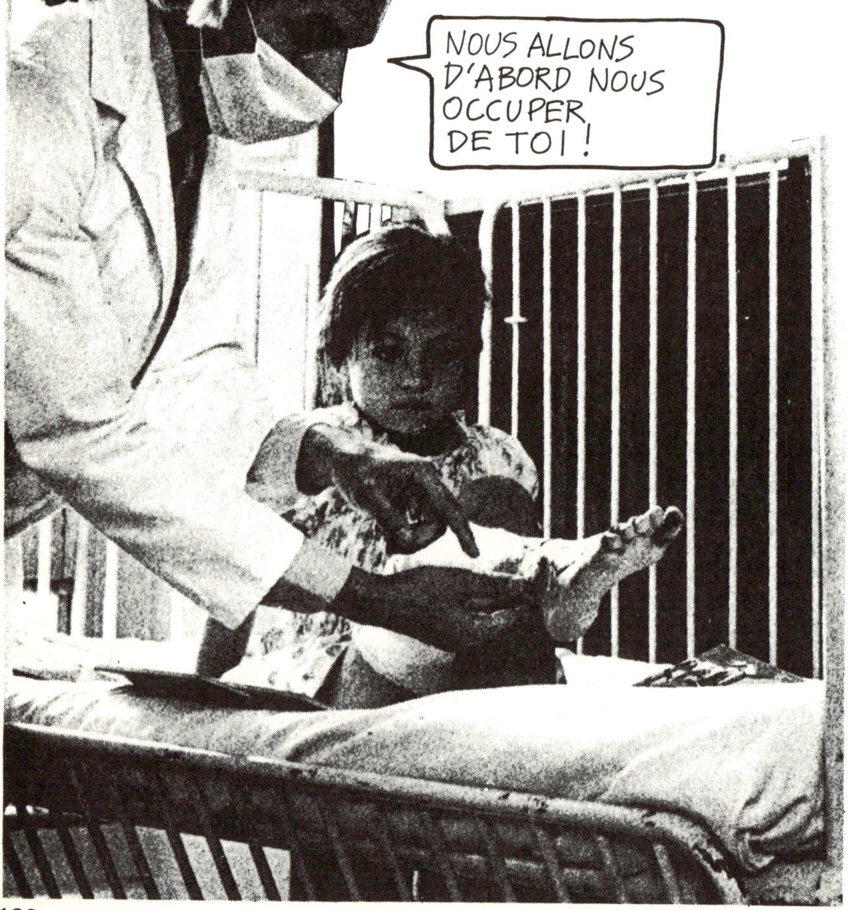

C'est ce qui est arrivé à Paris en 1871 avec l'instauration de la Commune. Certes, la démocratie et la coopération du soulèvement révolutionnaire de Paris ne durèrent pas — il fut écrasé par les armes —, mais l'esprit et les objectifs des communards rayonnèrent pour des centaines de millions de gens dans les décennies suivantes.

Certains révolutionnaires français — **Blanqui,** par exemple — avaient une conception élitiste de l'avenir de la révolution. Tout en étant un agitateur admirable et indomptable, Blanqui ne sut pas voir que le prolétariat doit s'organiser en tant que classe pour le changement révolutionnaire.

Quand on ne dispose ni de larges groupes ni de la classe elle-même pour l'action, de petits groupes doivent s'organiser. Mais le but de l'organisation doit être l'auto-émancipation et l'autocontrôle du prolétariat. Un petit groupe dictatorial exploitant la classe ouvrière n'est pas mieux qu'une classe de capitalistes privés exploitant la classe ouvrière. Ce qu'il faut, c'est un soulèvement comme celui de la Commune de Paris, mais infiniment plus grand, plus large, plus soutenu, pour l'abolition du salariat et de la marchandise.

LES EXPROPRIATEURS SONT EXPROPRIÉS

« Le monopole du capital devient une entrave pour le mode de production qui a grandi et prospéré avec lui et sous ses auspices. La socialisation du travail et la centralisation de ses ressorts matériels arrivent à un point où elles ne peuvent plus tenir dans leur enveloppe capitaliste. Cette enveloppe se brise en éclats. L'heure de la propriété capitaliste a sonné. Les expropriateurs sont à leur tour expropriés. »

et ce n'est pas tout, les amis !

Ensuite vient la liberté.

ŒUVRES DE MARX ET ENGELS

K. Marx & F. Engels, *Werke,* 36 vol., Berlin, 1950, rééd. 1961.

Marx-Engels-Gesamtausgabe (M.E.G.A.), éd. par G. Heyden & A. Jogorow, Moscou-Berlin, 1975 et sv.

Oeuvres, Économie, éd. M. Rubel, coll. La Pléiade, Paris, t. I : 1963, t. II : 1968.

K. Marx, *Différence de la philosophie de la nature chez Démocrite et Epicure,* Bordeaux, 1970.
La Question juive, Paris, 1969.
Critique du droit politique hégélien (1843), Paris, 1975.
Manuscrits de 1844, éd. E. Bottigelli, Paris, 1962.
Misère de la philosophie (1847), Paris, 1961.
Travail salarié et capital (1849), suivi de *Salaire, Prix et Profit* (1865), Paris, 1960.
Les Luttes de classes en France (1850), Paris, 1952.
Le 18-Brumaire de Louis Bonaparte (1852), Paris, 1963.
Manuscrits de 1857-1858 (« Grundrisse »), éd. J.-P. Lefebvre, Paris, 1980.
Contribution à la critique de l'économie politique (1859), trad. M. Husson et G. Badia, Paris, 1957.
Manuscrits de 1861-1863 (Cahiers I à V), éd. J.-P. Lefebvre, Paris, 1979.
Théories sur la plus-value, éd. G. Badia, Paris, 1974.
Le Capital, livres I, II, III, préfaces de F. Engels, 8 vol., Paris, 1946-1957.
Le Capital, livre I, préface de L. Althusser, Paris, 1969.
Un chapitre inédit du « Capital », éd. R. Dangeville, Paris, 1971.
La Guerre civile en France. 1871, édition nouvelle accompagnée des *Travaux préparatoires de Marx,* Paris, 1968.

K. Marx & F. Engels, *La Sainte Famille (1844),* Paris, 1969.
L'Idéologie allemande (1845), éd. G. Badia, Paris, 1968.
Manifeste du parti communiste (1847), Paris, 1961.
La Nouvelle Gazette rhénane, 3 vol., Paris, 1964.
Textes sur le colonialisme, Moscou, s.d.
Lettres sur « Le Capital », Paris, 1964.
Lettres à Kugelmann, Paris, 1971.
Critiques des Programmes de Gotha et d'Erfurt, Paris, 1950.
Correspondance, éd. sous la direction de G. Badia et J. Mortier, Paris, 1971 et sv.
Écrits militaires, éd. R. Dangeville, Paris, 1970.
Sur la religion (textes choisis), Paris.

K. Marx & F. Lassalle, *Correspondance. 1848-1864,* éd. S. Dayan-Herzbrun, Paris, 1977.

Centre d'études et de recherches marxistes, *Sur les sociétés précapitalistes,* textes choisis de Marx, Engels, Lénine, préface de M. Godelier, Paris, 1970.

BIOGRAPHIES, BIBLIOGRAPHIES, HISTOIRE

B. Andréas, *Le Manifeste communiste de Marx et Engels. Histoire et bibliographie. 1848-1918,* Milan, 1963.

J. Bruhat, *Karl Marx, Friedrich Engels. Essai biographique,* Paris, 1970 ; « La Place du *Capital* dans l'histoire du socialisme », in **J. Droz** (dir.), *Histoire générale du socialisme,* t. I, Paris, 1972.

E. Bottigelli, *Genèse du socialisme scientifique,* Paris, 1967.

F. Claudin, *Marx, Engels et la révolution de 1848,* Paris, 1980.

Colloque international du C.N.R.S., *La Première Internationale,* Paris, 1968.

A. Cornu, *Karl Marx et Friedrich Engels. Leur vie et leur œuvre,* 4 vol., Paris, 1957-1970.

H. Gemkow et al., *Karl Marx. Eine Biographie,* Berlin, 1967 ; *Karl Marx. Chronik seines Lebens in Einzeldaten,* Moscou, 1934.

J. Grandjonc, *Marx et les communistes allemands à Paris. 1844,* Paris, 1974.

F. Mehring, *Karl Marx. Geschichte seines Lebens,* Leipzig, 1918 ; *Geschichte der deutschen Sozialdemokratie,* Berlin, 1960.

D. Riazanov, *Karl Marx and Friedrich Engels. An Introduction to their Lives and Works,* 1927.

M. Rubel, *Bibliographie des œuvres de Marx,* Paris, 1956-1960.

ÉTUDES SUR MARX ET LE MARXISME

M. Abeles, *Anthropologie et Marxisme,* Bruxelles, 1976.

M. Adler, *Die Staatsauffassung des Marxismus* (1922), Köln, 1974.

M. Aglietta, *Régulation et Crises du capitalisme,* Paris, 1976.

L. Althusser, *Pour Marx,* Paris, 1965 ; *Positions,* Paris, 1976.

L. Althusser et al., *Lire « Le Capital »,* 2e éd., 4 vol., Paris, 1968-1973.

R. Aron, *Dix-huit leçons sur la société industrielle,* Paris, 1962 ; *La Lutte de classes,* Paris, 1964.

S. Avineri, *The Social and Political Thought of Karl Marx,* Londres, 1968.

N. Badaloni, *Per il comunismo,* Torino, 1972.

E. Balibar, *Cinq études du matérialisme historique,* Paris, 1974.

E. Balibar, C. Luporini, A. Tosel, *Marx et sa critique de la politique,* Paris, 1979.

E. Balibar, J.-P. Lefebvre, « Plus-value ou Survaleur », in *La Pensée,* n° 197, Paris, 1978.

J. Bénard, *La Conception marxiste du capital,* Paris, 1952.

C. Benetti, J. Cartelier, *Marchands, salariat et capitalistes,* Paris, 1980.

M. Bertrand, *Le Statut de la religion chez Marx et Engels,* Paris, 1979.

P. Boccara, *Sur la mise en mouvement du capital,* Paris, 1978.

E. von Boehm-Bawerk, *Zum Abschluss des Marxschen Systems,* Berlin, 1896.

N. Boukharine, *La Théorie du matérialisme historique,* Paris, 1967.

F. Braudel, *Civilisation matérielle. Économie et capitalisme, XVe-XVIIIe siècle,* Paris, 1979.

S. Breton, *Marxisme et Critique,* Paris, 1978.

S. de Brunhoff, *La Monnaie chez Marx,* Paris, 1967 ; *État et Capital,* Paris-Grenoble, 1976.

J.-Y. Calvez, *La Pensée de Karl Marx,* Paris, 1956.

Le Centenaire du « Capital ». Exposés et entretiens sur le marxisme, Paris-La Haye, 1969.

G. A. Cohen, *Karl Marx's Theory of History. A Defense,* Oxford, 1978.

L. Colletti, *Le Marxisme et Hegel,* Paris, 1976.

B. De Giovanni, *La teoria politica delle classe nel « Capitale »,* Bari, 1976.

G. Della Volpe, *Rousseau et Marx,* trad. R. Paris, Paris, 1974.
H. Denis, *L'« Économie » de Marx. Histoire d'un échec,* Paris, 1980.
M. Dobb, *Études sur le développement du capitalisme,* Paris, 1969 ; *Theories of Value and Distribution since Adam Smith,* Cambridge, 1973.
P. Dognin, *Les Sentiers escarpés de Karl Marx,* Paris, 1977.
H. Draper, « Marx and the Dictatorship of the Proletariat », *Cahiers de l'I.S.E.A.,* série 5, n° 6, Paris, 1962.
G. Duménil, *Le Concept de loi économique dans « Le Capital »,* préface de L. Althusser, Paris, 1978.
L. Dumont, *Homo Aequalis. Genèse et épanouissement de l'idéologie économique,* Paris, 1977.
A. Emmanuel, *Le Profit et les crises,* Paris, 1974.
F. Engels, *Études sur « Le Capital »,* Paris, 1950 ; *Anti-Dühring,* Paris, 1957.
A. Gramsci, *Quaderni del Carcere* (Cahiers de la prison), éd. V. Gerratana, 4 vol., Torino, 1975.
H. Grossmann, *Marx, l'économie politique classique et le problème de la dynamique,* Paris, 1975.
J. Habermas, *Théorie et Pratique,* 2 vol., Paris, 1975.
M. Henry, *Marx.* Vol. 1 : *Une philosophie de la réalité.* Vol. 2 : *Une philosophie de l'économie,* Paris, 1976.
E. Hobsbawm, *Introduction to Karl Marx. Precapitalist Economic Formations,* London, 1964.
J. Hyppolite, *Études sur Marx et Hegel,* Paris, 1960.
E. V. Iljenkov, *La dialettica del astratto o del concreto nel « Capitale » di Marx,* trad. du russe, Milan, 1961.
J. Jaurès, *Les Origines du socialisme allemand,* préface de L. Goldmann, Paris, 1960.
« Le Jeune Marx », *Recherches internationales à la lumière du marxisme,* n° 19, Paris, 1961.
K. Kautsky, *L'Éthique et la conception matérialiste de l'histoire,* Paris, 1965 ; *La Révolution sociale,* Paris, 1912.
H. Kelsen, *Socialismo e Stato* (Sozialismus und Staat), introduzione di R. Racinaro, Bari, 1978.
L. Kolakowski, *Main Currents of Marxism,* Oxford, 1978.
K. Korsch, *Marxisme et Philosophie,* Paris, 1964.
G. Labica (dir.), *Dictionnaire critique du marxisme,* Paris, 1982.
A. Labriola, *Essais sur la conception matérialiste de l'histoire,* Paris-Londres-New York, 1970.
H. Lefebvre, *Problèmes actuels du marxisme,* Paris, 1970 (rééd.) ; *De l'État,* 4 vol., Paris, 1976-1978.
V. I. Lénine, « Le Développement du capitalisme en Russie », in *Oeuvres complètes,* t. III, Paris-Moscou, 1958-1965 ; « Les Trois Sources et les trois parties constitutives du marxisme », *ibid., t. XIX, « Karl Marx », ibid.*, t. XXI, « L'Impérialisme, stade suprême du capitalisme », *ibid.,* t. XXII ; « L'État et la révolution », *ibid.,* t. XXV.
M. Lowy, *La Théorie de la révolution chez le jeune Marx,* Paris, 1970.
G. Lukacs, *Histoire et Conscience de classe,* Paris, 1960.
R. Luxemburg, *Grèves de masse, parti et syndicat,* Paris, 1964 ; *L'Accumulation du capital,* 2 vol., Paris, 1967.
H. de Man, *Au-delà du marxisme,* Paris, 1974.
E. Mandel, *La Formation de la pensée économique de K. Marx,* Paris, 1967 ; *Traité d'économie marxiste,* 4 vol., Paris, 1969.
Manuel d'économie politique de l'Académie des sciences de l'U.R.S.S., 2e éd. (1955), trad. fr., s.d.
P. Mattick, *Marx et Keynes,* Paris, 1972.
R. Miliband, *Marxism and Politics,* Oxford, 1977.

S. Moore, *Three Tactics. The Background in Marx,* New York, 1963 ; *Marx on the Choice between Socialism and Communism,* Cambridge (Mass.), 1980.
P. Naville, *De l'aliénation à la jouissance,* Paris, 1957.
A. Negri, *Marx au-delà de Marx,* Paris, 1979.
E. Pasukanis, *La Théorie générale du droit et le marxisme,* introduction de K. Korsch, Paris, 1970.
G. Plekhanov, *Les Questions fondamentales du marxisme,* Paris, 1948.
K. Polanyi, *The Great Transformation,* New York, 1944.
N. Poulantzas, *Pouvoir politique et Classes sociales,* Paris, 1968.
B. Quelquejeu, « K. Marx a-t-il constitué une théorie du pouvoir d'État ? », *Revue des sciences philosophiques et théologiques,* n° 1-2-3, Paris, 1979.
H. Reichelt, *Zur logischen Struktur des Kapitalbegriffe bei Karl Marx,* Frankfurt, 1972.
R. Rosdolsky, *Zur Entstehungsgeschichte des Marxschen « Kapital »,* Frankfurt, 1968 (un vol. traduit : *La Genèse du « Capital » chez Karl Marx,* Paris, 1976).
M. Rubel, *Marx. Critique du marxisme,* Paris, 1964.
J.-P. Sartre, *Critique de la raison dialectique,* Paris, 1960.
A. Schmidt, *Der Begriff der Natur in der Lehre von Marx,* Frankfurt, 1962.
J. Staline, *Matérialisme dialectique et Matérialisme historique* (1938), Paris, s.d. (trad. du russe).
G. Sorel, *Matériaux d'une théorie du prolétariat* (1921), rééd. Paris-Genève, 1980 ; *La Décomposition du marxisme,* Paris, 1910.
I. Steedman, *Marx after Sraffa,* Londres, 1977.
F. Tokei, *Zur marxistischen Geschichtstheorie.* Band I : *Zur Theorie der Gesellschaftsformen.* Band II : *Antike und Feudalismus.* Band III : *Zur Dialektik des Sozialismus,* Budapest, 1977.
Trinh van Thao, *Marx, Engels et le journalisme révolutionnaire,* 3 vol., Paris, 1978-1980.
M. Tronti, *Ouvriers et Capital,* Paris, 1977.
M. Tugan-Baranowsky, *Theoretische Grundlagen des Marxismus,* Leipzig, 1905.
J.-M. Vincent et al., *L'État contemporain et le marxisme,* Paris, 1975.
J. Zeleny, *Die Wissenschaftslogik bei Marx und « Das Kapital »,* Frankfurt-Wien, 1972.

Trotsky

POUR DÉBUTANTS

Trotsky, le successeur évident de Lénine. Trotsky, l'alternative à Staline, le révolutionnaire aux talents exceptionnels : grand orateur et grand écrivain, homme politique, organisateur de l'Armée rouge, tacticien militaire.

Qu'est-ce qui est allé de travers ? Pourquoi Trotsky n'a-t-il pu bloquer la montée de Staline au pouvoir ?

Tariq Ali et Phil Evans jettent un regard irrévérencieux sur l'énigme Trotsky. Ils observent avec sympathie et humour Trotsky le franc-tireur, ni menchevik, ni bolchevik. Ils retracent la carrière de Trotsky : de la prison aux sommets du pouvoir révolutionnaire, puis sa chute tragique et sa mort. En passant, cette bande dessinée drôle, informative et documentée aborde quelques-uns des événements fondamentaux de notre époque : les soulèvements révolutionnaires en Russie, la lutte pour construire le socialisme et s'opposer à Staline, la montée du nazisme, la guerre civile espagnole et bien d'autres encore.

Texte de Tariq Ali. Dessins de Phil Evans.

Freud
POUR DÉBUTANTS

Freud encore et toujours : de zéro à 77 ans.
Vienne à la fin du XIXe siècle. Les aventures de Freud : ses premiers traitements, la cocaïne, l'hypnose.
Comment soigner sans soigner...
Comment l'inconscient, la sexualité se balladent vraiment partout, des statues du jardin public aux plus vieux mythes !
L'univers de Freud — les personnages de Freud qui ont jalonné ses découvertes : le petit Hans, la jeune Anna O, l'homme aux rats, sa propre famille.
Freud a trituré les mythes en tous sens et il est devenu un mythe ! Il fallait de l'ingéniosité, et les possibilités multiples d'expression de la B.D. pour faire que ce papa-Freud soit simple sans être schématique, distancié sans être renvoyé aux orties.
Texte de Richard Appignanesi. Dessins d'Oscar Zarate.

Einstein
POUR DÉBUTANTS

Einstein, le principe de la relativité restreinte... et de la relativité généralisée : pas si simple, tout cela.
Trois récits entremêlés dans ce *Einstein pour débutants* :

1. Les difficultés de la vie du père Albert : il s'ennuierait plutôt sur les bancs de l'école ; il commence par échouer lamentablement au Polytechnicum de Zurich...
2. Le principe de la relativité : vitesse, lumière, position de l'observateur, espace et temps, temps et espace : une guerre des étoiles parfaitement limpide, et sans entorse scientifique !
3. Le grand récit de la science physique. Einstein n'est pas passé tout soudain de Galilée et de la mécanique newtonienne à la vitesse de la lumière. L'histoire de la physique — Faraday, Maxwell, Hertz —, la découverte et les applications enthousiastes, ou fortement intéressées, de l'électricité, l'histoire du magnétisme. Les mathématiques abstraites, les images les plus folles, les machines les plus étranges s'y mêlent aux concepts scientifiques.

Texte de Joe Schwartz. Dessins de Michael McGuinness

L'énergie nucléaire

POUR DÉBUTANTS

Non ! Si vous espérez que ce livre vous apprendra comment construire un réacteur nucléaire dans votre appartement ou faire exploser une bombe atomique dans votre jardin, vous serez déçus. De toute façon, aujourd'hui, vous pouvez trouver ces renseignements-là n'importe où.

Par contre, si vous voulez savoir ce que c'est *vraiment* que le nucléaire, depuis la découverte de la fission atomique jusqu'aux derniers projets à peine connus du public ; si vous voulez savoir ce qui est *vraiment* en jeu à Malville, Markolsheim, Three Mile Island ou Plogoff, ce que signifie la construction d'une centrale ou d'une usine de retraitement ; si vous voulez comprendre concrètement ce qui différencie l'énergie nucléaire des autres énergies et en savoir plus sur celles-ci ; si vous voulez estimer le coût réel — et pas seulement financier — du nucléaire... Alors oui ! Au moins, après avoir lu ce livre, non seulement vous aurez beaucoup ri, mais vous saurez de quoi vous parlez.

Texte de Stephen Croall.
Dessins de Kaianders Sempler.

Lénine

POUR DÉBUTANTS

La révolution de 17 a aussi ses personnages : les narodniks et les bolcheviks, le grand-papa du marxisme russe Plekhanov, Trotsky, Kerensky, etc., devenus des héros d'un jour, d'une année ou d'un siècle. Pourtant, ils ont une histoire, leurs idées, leurs choix tactiques se dégagent de tout un passé.

Lénine pour débutants, c'est l'histoire de Lénine : la mort de son frère, la rencontre avec Kroupskaïa, ses études ; c'est l'histoire de ses idées et de ses livres. Ces fameux textes toujours écrits sur un coin de table entre un meeting, trois voyages et cinq discours...

Texte de Richard Appignanesi. Dessins d'Oscar Zarate.

ACHEVÉ D'IMPRIMER PAR L'IMPRIMERIE CH. CORLET
14110 CONDÉ-SUR-NOIREAU
N° d'Imprimeur : 3832 — Dépôt légal : juin 1984
Deuxième tirage : 8 000 à 12 000 exemplaires
ISBN : 2-7071-1294-1

Imprimé en France